河北省社会科学基金项目
河北省软科学研究计划项目
河北经贸大学学术著作出版基金资助
河北经贸大学金融学院学术著作出版基金资助

经济管理学术文库 · 金融类

基于金融集聚视角的河北省互联网金融产业发展研究

Research on the Development of Hebei Internet Finance Industry Based on the Pespective of Finance Agglomeration

卢玉志　等／著

图书在版编目（CIP）数据

基于金融集聚视角的河北省互联网金融产业发展研究/卢玉志等著．—北京：经济管理出版社，2017.11

ISBN 978-7-5096-5423-1

Ⅰ．①基…　Ⅱ．①卢…　Ⅲ．①互联网络—金融业—产业发展—研究—中国　Ⅳ．①F832.722

中国版本图书馆 CIP 数据核字(2017)第 249165 号

组稿编辑：曹　靖
责任编辑：杨国强　张瑞军
责任印制：黄章平
责任校对：董杉珊

出版发行：经济管理出版社
（北京市海淀区北蜂窝 8 号中雅大厦 A 座 11 层　100038）
网　　址：www.E-mp.com.cn
电　　话：（010）51915602
印　　刷：北京玺诚印务有限公司
经　　销：新华书店
开　　本：720mm×1000mm/16
印　　张：11
字　　数：215 千字
版　　次：2017 年 11 月第 1 版　　2017 年 11 月第 1 次印刷
书　　号：ISBN 978-7-5096-5423-1
定　　价：68.00 元

目 录

第一章　互联网金融的产生和发展

第一节　互联网金融与金融业发展的阶段

一、网络金融与互联网金融

网络金融即“金融 + 互联网”，仅指金融机构形态，是指传统的金融机构通过互联网为客户提供金融交易或服务，即传统金融机构的业务互联网化。网络金融以网络银行、网络证券和网络保险的出现为标志。1995 年 10 月，世界上第一家网络银行——安全第一网络银行（Security First Network Bank，SFNB）在美国的亚特兰大开始营业；标志着网络金融的诞生。1996 年 6 月，中国银行在互联网上建立了自己的网站 www. boc. cn，在国内金融业率先通过互联网提供服务，从而拉开了我国银行业提供网上银行服务的帷幕。

互联网金融即“互联网 + 金融”，仅指非金融机构形态，是指互联网企业等传统的非金融机构借助互联网向支付结算、信用中介等传统金融服务领域的延伸，通过互联网技术和平台为客户提供金融交易或服务。互联网金融以第三方支付、网络借贷、众筹融资、互联网基金销售、网络信息搜集和处理等的出现为标志。1998 年 12 月，美国贝宝（PayPal）公司最早创立了个人对个人的网络支付模式，最早提供在线支付服务，标志着互联网金融的兴起。2003 年 10 月，由阿里巴巴集团创建的淘宝网在国内最早推出第三方支付——支付宝服务。

以上网络金融与互联网金融的含义是从狭义的角度讲的。而从广义的角度讲，网络金融与互联网金融的含义是相同的，均泛指一切通过互联网提供的金融交易或服务，既包括传统的金融机构通过互联网提供的金融交易或服务，也包括传统的非金融机构借助互联网向传统金融服务领域延伸为客户提供金融交易或服务。

二、金融业发展的阶段

金融业发展的阶段经历了手工金融、电子金融、网络金融和互联网金融四个阶段。20 世纪是金融业发展演变最频繁的阶段，金融业从手工金融发展到电子金融阶段，又从电子金融阶段发展到网络金融、互联网金融阶段。互联网金融是 20 世纪 90 年代末兴起的。

（一）手工金融阶段（1580 年至 20 世纪 60 年代）

银行是金融业的主要代表。1580 年，在意大利的威尼斯诞生了世界上第一家银行——威尼斯银行。威尼斯银行出现以后，在很长一段时间里，由于受当时科学技术发展水平的制约，吸收存款、发放贷款、办理结算都是依靠手工方式运行。所以金融业所处的这个阶段叫作手工金融阶段。手工操作阶段，银行的工作是“一把算盘（算账），一支笔（记账）”。业务处理费时、费力，容易出错，资金周转慢。

（二）电子金融阶段（20 世纪 60 年代至 90 年代中期）

20 世纪 60 年代，计算机发明后不久，便开始被引入到银行的经营和管理之中。金融业进入到电子金融阶段。

世界上第一台计算机 Eniac，是 1946 年在美国的宾夕法尼亚大学莫尔工程学院由美国科学家莫克利和埃克特研制成功的。这项研究得到了美国陆军部的资助，因为当时正值“二战”期间，它的目的是加快火炮瞄准仪的计算速度。几乎是与 Eniac 计算机研制的同时，冯·诺依曼与莫尔工程学院合作研制成功了 Edvac 计算机。在这台计算机中确立了计算机的五大基本部件：输入设备、输出设备、运算器、控制器、存储器，并且采用了二进制。现在的计算机采用的都是这种结构，一般被称为冯·诺依曼结构计算机。

世界上第一台计算机问世后，由于它具有运算速度快并且运算准确的优越性，所以计算机在各行各业中得到了越来越广泛的应用。计算机的应用大大提高了信息处理的速度和质量。

银行使用计算机后，一敲键盘，结果就出来了，又快又准确。票据也使用计算机打出，又美观又清晰。证券公司、保险公司也开始使用计算机。简单地说，计算机在这些金融部门、金融领域的使用就叫金融电子化。

其实，金融电子化是一个动态的概念。不同机构、不同的人在不同的时期，对金融电子化的理解也是不相同的。随着计算机及其应用技术的发展，人们对金融电子化的理解不断发生变化。

20 世纪 60 年代，在美国，计算机开始应用于金融业的经营和管理。而我国

的应用大部分是在90年代中后期。计算机在金融业的应用首先是从单机开始的。在当时社会上出现了许多“电脑所”，许多人认为有了“电脑所”就是“电子化”。单机处理非常不方便，因此，单机模式很快就被淘汰，并出现联机。开始出现的是所内联机，后来由所内联机逐渐发展到几个所甚至全市范围的联机，在一个城市的范围内可以通存通兑。20世纪90年代末期，出现了更大范围的计算机联机，由一个城市发展到一个省，甚至是全国，客户于是可以办理异地存取款及电子汇兑。银行还陆续推出了自动柜员机（ATM）、自动存款机（CDM）、自动存取款机（CRS）等。

（三）网络金融阶段（20世纪90年代中期）

1995年10月18日，世界上第一家网络银行“安全第一网络银行”（Security First Network Bank，SFNB）在美国的亚特兰大开始营业。SFNB作为网络银行的先锋，创办于亚特兰大，它是迈克尔·麦彻斯和詹姆斯·玛汉两人观念创新的成果。迈克尔·麦彻斯受启发于一家花店在网上经营后业务量增长了1倍，于是产生了推出网络银行的想法。在一次家庭聚会上，迈克尔·麦彻斯向其表兄詹姆斯·玛汉提出了自己的想法，詹姆斯·玛汉也非常赞同。当然，SFNB的推出和两个人的背景有很大的关系，因为迈克尔·麦彻斯是Secure Ware公司（一家计算机和网络安全公司）的首席执行官；詹姆斯·玛汉是Cardinal Bancshares股份公司（一家银行控股公司，资产6.5亿美元）的董事长兼总裁。有技术有资金，有网络有银行，于是网络银行就诞生了。

SFNB没有建筑物和营业厅，只有网址（http：//www. sfnb. com）和电脑画面，电脑画面就是营业厅。这家银行向客户提供的是全新的服务手段，为客户提供24小时全天候的服务，所有交易都通过互联网进行，客户足不出户便可进行存款、取款、转账、付款等业务。客户键入该行网址后，屏幕上即显示出类似普通银行营业大厅的画面，上面有开户、个人财务、咨询、行长等柜台，用鼠标点击相关的柜台，客户就可以进入自己所需的领域。比如开户，客户需要在屏幕上填一张开户表，键入自己的姓名、住址、联系电话以及开户金额等基本信息发送给银行，并用打印机打出开户表，签上名后连同现金或支票一并寄给SFNB即可。几天后，客户就可以收到一张SFNB的银行卡，顾客就可以用它进行取款、存款、付账、结算。

SFNB开业仅4个月，客户就达到了4000人，遍布全美50个州。但是，正如历史上多次重复的规律“第一个‘吃螃蟹’的人往往不是第一个从‘吃螃蟹’中获益的人”那样，SFNB开业以来的火爆场面没有维持多久，3年后，即1998年10月由于巨额亏损被加拿大皇家银行集团（Royal Bank of Canada，RBC）收购。无论如何，SFNB在网络银行发展中的地位不会因为它被收购而变得不重要。

因为不管怎样，SFNB 为全球银行业提供了一种全新的金融经营服务模式及观念。

按照是否设置实质分支机构，网络银行可以分为纯网络银行和分支型网络银行。纯网络银行是没有任何实质分支机构的虚拟银行。分支型网络银行又称为“水泥加鼠标”型银行，是指现有的传统银行，利用互联网建立交易型网站，提供网上服务而设立的网上银行。

在我国，网上银行服务的推出稍稍滞后。1996 年 6 月，中国银行在互联网上建立了自己的网站 www. boc. cn，在国内金融业率先通过互联网提供服务，从而拉开了我国银行业提供网上银行服务的帷幕。此后，开办网上银行业务的中资银行、外资银行不断增多。但我国所有的网络银行形式都是分支型网络银行，没有一家是纯网络银行。

国内网络银行的发展分为三个阶段：

在 2000 年以前为第一个阶段，这个阶段是银行建立自己的网站，主要的功能是作为信息发布的渠道，塑造企业形象和品牌，这一代网上银行称为银行网站。

第二个阶段是 2000 ~ 2005 年银行在市场的驱动下利用网上银行服务和运营成本低廉的优势快速发展网上银行用户，推出大量的传统业务功能，尽可能地把柜台业务搬到网上，第二代的网上银行真正称为银行上网，把银行业务上网办理。

从 2005 年开始一直到现在包括今后一个发展阶段，就是银行面对新一轮的浪潮不仅仅满足把传统的业务搬到网上办理，还有大量的创新，如在网上炒汇。第三代才开始真正称为网上银行。

网络金融的产生从根本上改变了金融交易的时空概念，降低了金融交易的成本，为金融创新创造了有利的条件，使以前无法办理的业务服务变为现实。

网络金融的发展方兴未艾，但目前还处于初级发展阶段，传统金融机构全部发展为网络金融机构还需一定的时日。但我们应该看到，随着信息网络技术的普及推广和网络金融服务的日益成熟，传统金融必然走向虚拟的网络金融，网络金融必然会成为金融业发展的趋势。

（四）互联网金融阶段（20 世纪 90 年代末至今）

互联网金融以第三方支付、网络借贷、众筹融资、互联网基金销售等的出现为标志。1998 年 12 月，美国贝宝（PayPal）公司最早创立了个人对个人的网络支付模式，最早提供在线支付服务，标志着互联网金融的兴起。2003 年 10 月，由阿里巴巴集团创建的淘宝网在国内最早推出第三方支付——支付宝服务，标志着互联网金融在国内的出现。本章第二节将详细阐述互联网金融的兴起，此处不再赘述。

第二节　互联网金融的兴起

2013 年以来，一场互联网金融的热潮席卷了中国。但互联网金融并不是突然爆发的，是因为非金融机构逐步地涉足金融领域，加入对网络金融业务的争夺，才导致了 2013 年互联网金融的异军突起、如火如荼。许多人将 2013 年称为中国互联网金融年。

一、国外互联网金融的兴起

非金融机构逐步地涉足金融领域主要表现在支付领域。原来传统银行为客户办理支付结算业务是通过遍布全国甚至是全球的分支机构，这些分支机构之间通过电话、电报相互联系为客户办理支付结算。这是传统银行特有的，也是其他任何行业无法取代的。现在随着计算机以及网络技术的应用，银行已经采用计算机网络为客户办理支付结算。但是在网络经济时代，传统银行通过网络办理支付结算不再具有任何优势，或者说不只是银行才能做得到，因为 IT 行业通过互联网也可高效率、低成本地完成。

非金融机构最早涉足金融领域是微软公司。1994 年微软曾投标收购家庭财务软件公司——直觉公司（Intuit）。Intuit 是美国家庭和中小企业财务软件供给以及为个人电脑使用者提供服务的主要供应商，它一直处于新兴网上财务服务的前沿。比尔·盖茨的目的就是进军银行业，做网络银行业老大，进而实现其取代传统银行业的野心，但被以花旗银行为首的美国传统银行在美国国会的支持下击退了。为了阻止微软公司通过收购财务软件公司的办法将其业务向金融业渗透，美国的银行家们不得不联合起来，游说国会通过立案否认这一收购，这在金融理论界和实务界引起了极大的震动。虽然比尔·盖茨没有成功，但这件事却使传统银行经营者们产生了强烈的危机感。

互联网金融是互联网公司（通常是非金融业的第三方机构）向公众提供金融服务的行为，是由于电子商务发展产生的需求，是互联网技术与传统金融相结合的新兴产物，其最初的主要业务模式为第三方支付。

传统交易（现实的有形市场）是买卖双方面对面地进行，即常说的“一手交钱，一手交货”；而电子商务（虚拟的无形市场）买卖双方互不认识，而且互相不见面。卖家不愿先发货，怕货发出后不能收回货款；买家不愿先支付，担心支付后拿不到商品或商品质量得不到保证。为解决买卖双方的后顾之忧，第三方支付应运而生。

国际上普遍认定成立于 1998 年 12 月总部位于美国加利福尼亚州圣荷西市的贝宝（PayPal）公司是最早创立个人对个人网络支付模式、最早提供在线支付服务的公司。该公司创始人埃隆·马斯克（Elon Musk）集工程师、企业家等身份于一身，并且是贝宝、空间探索技术公司以及特斯拉汽车三家公司的创始人。贝宝公司的最初业务是把客户身份使用电子邮件标识，并提供资金转账的服务，避免了传统的汇款或邮寄支票的烦琐手续。随着美国的网上购物网站 eBay 崛起，贝宝公司主要业务转变为 eBay 提供在线支付服务。最初，eBay 几乎所有的网上购物交易都使用订单或者支票，速度慢，手续烦琐，令年轻网民产生厌烦情绪。虽然信用卡支付有助于 eBay 缩短交易周期，提高商业利润。然而根据当时美国商业银行的规定，只有在商业银行开有账户的卖家才能接受信用卡支付。基于这样的商业现状，贝宝公司精准地找到了它在 eBay 购物网站的业务触点，贝宝通过创新支付流程，在买方购物时，将买家信用卡内资金先划至贝宝公司的银行账户，在买方收到货物满意，确认付款后，再将货款划付给卖家。为加速推广贝宝公式这种在线支付模式，eBay 引入了美国的威尔士富国银行作为战略合作伙伴，还与 Visa 信用卡公司开展合作。利用 eBay 的电子平台，贝宝公司既帮到了 eBay 的用户，自己也获益良多，同时 eBay 也看到互联网金融服务良好的发展趋势，于 2002 年 6 月以 15 亿美元价格收购了贝宝公司。在全球电子商务的浪潮中，通过口口相传的效应使贝宝公司的用户基础如雪球般越滚越大，目前，贝宝公司利用信用卡和商业银行的系统，在全球 202 个国家为超过 2.2 亿个人以及网上商户提供安全便利的网上支付服务。在欧美地区，Google、Checkout 等公司的市场占有率远远低于贝宝公司，贝宝在互联网金融服务的地位稳固得就像 eBay 在 C2C 电子商务领域的地位一样。从贝宝公司成功的背后，我们可以看到互联网金融服务的巨大商机。在电子商务中，银行主要完成的就是支付功能。而第三方支付有担保和支付两个方面的功能。如贝宝，买方网上购货后，先把钱打给贝宝，当买方收到货物验收没有问题后，贝宝才会把货款支付给卖方。

2005 年 3 月，世界上第一个 P2P 网络借贷平台 Zopa 在英国伦敦诞生，一经推出便得到广泛的关注和认可。Zopa 的创立者为理查德·杜瓦（Richard Duvall）、詹姆斯·亚历山大（James Alexander）、萨拉·马休斯（Sarah Matthews）和大卫·尼克尔森（Dave Nicholson），他们曾经在 1998 年 10 月发起组建了英国最大的网上银行——Egg 银行。随后，他们看到了互联网金融的巨大商机，转而联合创立了 Zopa 公司。Zopa 在风险控制方面相当成熟和稳定，其特点在于划分信用等级、强制按月还款等，以降低出借人风险。Zopa 对信用评级非常严格，用 Equifax 信用评级机构的评分确定借款人的等级，投资人在平台上自由挑选合适的借款人并自行决定利率，但一笔借款必须分散给多个不同的借款人，强制按月还款，以此分散风险。到目前为止，Zopa 有 50 万会员，相互间出借了 1.35 亿英镑。

世界上第一个提供在线小额贷款服务的组织是 Kiva，Kiva 致力于向发展中国家的创业者提供小额贷款，实现消除贫穷的目标。Kiva 建立于 2005 年 10 月，位于美国旧金山。Kiva 的 CEO——马特·弗兰纳里（Matt Flannery）以前是 Tivo 的程序员，在一次去乌干达、坦桑尼亚、肯尼亚拍摄农村创业事迹的活动中萌发了创办 Kiva 的想法。马特·弗兰纳里开始只是将一些需要起步资金发展小买卖的人的资料告诉家人和朋友，并发布在自己的博客上。这些信息随后被大型的博客网站发现，需要贷款的人很快得到了资金。马特·弗兰纳里由此发现了这种方式的可行性，于是开始与乌干达的一个小额贷款机构取得联系，接着又开始考虑联系其他小额贷款机构，创立了 Kiva。目前，Kiva 已经给 41 个国家提供了 30000 多笔、合计超过 2000 万美元的贷款。

众筹作为一种商业模式起源于 20 世纪末的美国，繁荣于欧美各地。众筹（Crowd Funding）即公众筹资。众筹是用“团购 + 预购”向公众募集项目资金的模式，融资项目一般是文化创意项目。众筹模式涉及项目发起人（筹资人）、公众（出资人）和中介机构（众筹平台）。项目发起人将项目策划交付众筹平台，经过审核在平台建立项目网页向公众介绍该项目。众筹项目能否获得资金主要是根据公众的喜好，而不是主要根据其商业价值。众筹平台为许多项目的启动提供了第一笔资金。众筹项目一般不以股权或是资金作为回报，而是以实物、服务或者媒体内容等作为回报。2009 年 4 月，世界第一家众筹网站 Kickstarter 在美国纽约诞生。Kickstarter 是一个专为具有创意方案的企业筹资的众筹网站平台。网站创意来自其中一位华裔创始人陈佩里（Perry Chen），他的正式职业是期货交易员，但因为热爱艺术，开办了一家画廊，还时常参与主办一些音乐会。2002 年，他因为资金问题被迫取消了一场筹划中的在新奥尔良爵士音乐节上举办的音乐会，这让他非常失落，进而开始酝酿建立一个募集资金的网站。经过了漫长的等待之后，2009 年 4 月，Kickstarter 终于上线了。Kickstarter 的项目有 13 类：电影、音乐、美术、摄影、戏剧、设计、技术、食品和其他几类，Kickstarter 收取 5% 的筹资额提成。2015 年 9 月 22 日，Kickstarter 宣布改组为“公益公司”。

在美国，最早诞生了互联网金融。几乎同时，欧洲、亚太等地也兴起了互联网金融。

二、国内互联网金融的兴起

在我国，非金融机构逐步地涉足金融领域最初也是表现在支付领域。主要是支付宝等第三方支付（非金融机构支付）的出现。

第三方支付的出现跟中国的电子商务环境有关，最初，电子商务网站提供网络支付功能要跟每一家银行签订协议，由于电子商务网站初期规模小，银行不愿意直接合作，所以就衍生出了第三方支付公司。第三方支付公司上游与银行合作，下游与电子商务使用者签订协议，第三方支付公司中间赚取手续费的差价，一般来说，银行收取第三方支付公司的手续费是4‰，而电子商务公司收取用户的手续费是10‰。简单来说，就是客户需要从网上买个东西，但卖方只支持工行网银，而客户没有，不能交易。但支付宝支持78家银行网银。客户可以通过支付宝，不管哪家网银均可以。

第三方机构与各个主要银行之间签订有关协议，使第三方机构与银行可以进行某种形式的数据交换和相关信息确认。这样第三方机构就能实现在持卡人或消费者与各个银行，以及最终的收款人或者是商家之间建立一个支付的流程。

非金融机构通过互联网技术和平台最初向支付结算领域不断渗透，后来就向信用中介等其他金融服务领域对传统金融业发起全方位冲击。2003年10月，由阿里巴巴集团创建的淘宝网在国内最早推出第三方支付——支付宝服务；2007年8月，中国第一家P2P网络借贷平台“拍拍贷”成立；2010年和2011年，阿里金融分别于浙江和重庆成立了小额贷款公司，为B2C平台即淘宝和天猫的客户提供订单质押贷款和信用贷款，同时也为B2B平台客户提供阿里信用贷款；2013年6月13日，支付宝联合天弘基金推出“余额宝”。第三方支付、网络借贷、众筹融资、互联网基金销售等的出现标志着互联网金融在国内的兴起。

第三节　互联网金融的主要形式

一、单一的互联网金融形式

（一）第三方支付

第三方支付即非金融机构支付。狭义的非金融机构支付仅指非金融机构依托公共网络或专用网络在收付款人之间作为中介机构提供的网络支付服务，包括货币汇兑、互联网支付、移动电话支付、固定电话支付、数字电视支付等；广义的非金融机构支付除包括网络支付之外，还包括非金融机构提供的预付卡的发行与受理、银行卡收单等货币资金转移服务。

2010年，中国人民银行发布《非金融机构支付服务管理办法》，自2011年5

月3日起至今，中国人民银行共向271家机构发放第三方支付牌照，即非金融机构支付业务许可证。《支付业务许可证》自颁发之日起，有效期5年。支付机构拟于《支付业务许可证》期满后继续从事支付业务的，应当在期满前6个月内向所在地中国人民银行分支机构提出续展申请。中国人民银行准予续展的，每次续展的有效期为5年。此后，因注销、主动申请注销、不予续展和续展合并等因素，非银行支付机构在调整完毕后已缩减为248家，其中北京52家、上海47家、天津4家、重庆6家、河北3家、山西3家、内蒙古2家、辽宁3家、吉林1家、黑龙江2家、山东11家、江苏16家、安徽7家、浙江13家、福建9家、广东31家、广西3家、海南2家、江西2家、湖南6家、湖北5家、河南2家、四川5家、贵州2家、云南3家、陕西5家、甘肃1家、新疆2家，如表1-1所示。

表1-1 已获《支付业务许可证》的支付机构（截至2017年7月）

序号	许可证编号	公司名称	住所
1	Z2000133000019	支付宝（中国）网络技术有限公司	上海
2	Z2000231000010	银联商务有限公司	上海
3	Z2000311000013	资和信电子支付有限公司	北京
4	Z2000444000013	财付通支付科技有限公司	广东
5	Z2000531000017	通联支付网络服务股份有限公司	上海
6	Z2000611000010	开联通支付服务有限公司	北京
7	Z2000711000019	易宝支付有限公司	北京
8	Z2000831000014	快钱支付清算信息有限公司	上海
9	Z2000931000013	上海汇付数据服务有限公司	上海
10	Z2001031000010	上海盛付通电子支付服务有限公司	上海
11	Z2001111000013	北京钱袋宝支付技术有限公司	北京
12	Z2001231000018	东方电子支付有限公司	上海
13	Z2001344000012	深圳市快付通金融网络科技服务有限公司	广东
14	Z2001444000011	广州银联网络支付有限公司	广东
15	Z2001511000019	北京数字王府井科技有限公司	北京
16	Z2001611000018	北京银联商务有限公司	北京
17	Z2001811000016	裕福支付有限公司	北京
18	Z2001912000014	易生支付有限公司	天津
19	Z2002044000013	银盛支付服务股份有限公司	广东
20	Z2002131000017	迅付信息科技有限公司	上海

续表

序号	许可证编号	公司名称	住所
21	Z2002211000010	网银在线（北京）科技有限公司	北京
22	Z2002346000018	海南新生信息技术有限公司	海南
23	Z2002431000014	平安付电子支付有限公司	上海
24	Z2002511000017	拉卡拉支付股份有限公司	北京
25	Z2002631000012	上海付费通信息服务有限公司	上海
26	Z2002744000016	平安付科技服务有限公司	广东
27	Z2002831000010	上海银联电子支付服务有限公司	上海
28	Z2002933000017	连连银通电子支付有限公司	浙江
29	Z2003011000010	联动优势电子商务有限公司	北京
30	Z2003151000010	成都摩宝网络科技有限公司	四川
31	Z2003215000014	捷付睿通股份有限公司	内蒙古
32	Z2003352000017	证联支付有限责任公司	广东
33	Z2003431000012	得仕股份有限公司	上海
34	Z2003537000015	易通金服支付有限公司	山东
35	Z2003615000010	中网支付服务股份有限公司	内蒙古
36	Z2003851000013	四川商通实业有限公司	四川
37	Z2003932000016	南京市市民卡有限公司	江苏
38	Z2004111000017	天翼电子商务有限公司	北京
39	Z2004211000016	联通支付有限公司	北京
40	Z2004343000017	中移电子商务有限公司	湖南
41	Z2004431000010	上海点佰趣信息科技有限公司	上海
42	Z2004512000012	天津城市一卡通有限公司	天津
43	Z2004632000017	江苏瑞祥商务有限公司	江苏
44	Z2004742000014	武汉市金源信企业服务信息系统有限公司	湖北
45	Z2004844000011	广东银结通电子支付结算有限公司	广东
46	Z2004951000010	现代金融控股（成都）有限公司	四川
47	Z2005011000015	国付宝信息科技有限公司	北京
48	Z2005150000016	重庆易极付科技有限公司	重庆
49	Z2005213000011	河北一卡通电子支付服务有限公司	河北
50	Z2005314000019	山西万卡德商务有限公司	山西
51	Z2005423000017	哈尔滨华通支付网络科技有限公司	黑龙江

续表

序号	许可证编号	公司名称	住所
52	Z2005533000014	商盟商务服务有限公司	浙江
53	Z2005634000012	安徽华夏通支付有限公司	安徽
54	Z2005741000012	河南汇银丰信息技术有限公司	河南
55	Z2005852000017	贵州汇联通电子商务服务有限公司	贵州
56	Z2005921000014	大连中鼎支付有限公司	辽宁
57	Z2006033000017	宁波银联商务有限公司	浙江
58	Z2006135000014	厦门易通卡运营有限责任公司	福建
59	Z2006244000012	重庆市钱宝科技服务有限公司	重庆
60	Z2006331000016	上海电银信息技术有限公司	上海
61	Z2006444000010	易联支付有限公司	广东
62	Z2006511000018	北京海科融通支付服务股份有限公司	北京
63	Z2006735000018	中联信（福建）支付服务有限公司	福建
64	Z2006844000016	深圳市腾付通电子支付科技有限公司	广东
65	Z2006931000010	东方付通信息技术有限公司	上海
66	Z2007111000010	易智付科技（北京）有限公司	北京
67	Z2007244000010	顺丰恒通支付有限公司	广东
68	Z2007444000018	易票联支付有限公司	广东
69	Z2007644000016	深圳市深银联易办事金融服务有限公司	广东
70	Z2007731000010	上海银生宝电子支付服务有限公司	上海
71	Z2007844000014	深圳市银联金融网络有限公司	广东
72	Z2007931000018	宝付网络科技（上海）有限公司	上海
73	Z2008031000015	上海德颐网络技术有限公司	上海
74	Z2008111000018	中金支付有限公司	北京
75	Z2008231000013	上海富友支付服务有限公司	上海
76	Z2008311000016	安易联融电子商务有限公司	北京
77	Z2008411000015	北京爱农驿站科技服务有限公司	北京
78	Z2008611000013	北京首采联合电子商务有限责任公司	北京
79	Z2008711000012	北京中欣银宝通支付服务有限公司	北京
80	Z2008831000017	上海都市旅游卡发展有限公司	上海
81	Z2008911000010	北京市政交通一卡通有限公司	北京
82	Z2009111000016	北京雅酷时空信息交换技术有限公司	北京

续表

序号	许可证编号	公司名称	住所
83	Z2009311000014	北京中投科信电子商务有限责任公司	北京
84	Z2009431000019	上海商联信电子支付服务有限公司	上海
85	Z2009531000018	安付宝商务有限公司	上海
86	Z2009631000017	上海便利通电子商务有限公司	上海
87	Z2009731000016	上海纽斯达科技有限公司	上海
88	Z2009831000015	锦江国际商务有限公司	上海
89	Z2009931000014	上海申城通商务有限公司	上海
90	Z2010031000011	上海大众交通商务有限公司	上海
91	Z2010131000010	杉德支付网络服务发展有限公司	上海
92	Z2010231000019	卡友支付服务有限公司	上海
93	Z2010331000018	汇潮支付有限公司	上海
94	Z2010431000017	上海瀚银信息技术有限公司	上海
95	Z2010531000016	银视通信息科技有限公司	上海
96	Z2010631000015	上海东方汇融信息技术服务有限公司	上海
97	Z2010712000017	天津融宝支付网络有限公司	天津
98	Z2010832000012	南京苏宁易付宝网络科技有限公司	江苏
99	Z2010932000011	双乾网络支付有限公司	江苏
100	Z2011037000013	山东省电子商务综合运营管理有限公司	山东
101	Z2011144000013	深圳市美的支付科技有限公司	广东
102	Z2011244000012	嘉联支付有限公司	广东
103	Z2011344000011	智付电子支付有限公司	广东
104	Z2011411000019	北京一九付支付科技有限公司	北京
105	Z2011511000018	北京数码视讯支付技术有限公司	北京
106	Z2011611000017	汇元银通（北京）在线支付技术有限公司	北京
107	Z2011711000016	随行付支付有限公司	北京
108	Z2011833000019	网易宝有限公司	浙江
109	Z2011933000018	浙江唯品会支付服务有限公司	浙江
110	Z2012033000015	浙江航天电子信息产业有限公司	浙江
111	Z2012133000014	浙江甬易电子支付有限公司	浙江
112	Z2012235000011	福建国通星驿网络科技有限公司	福建
113	Z2012343000010	九派天下支付有限公司	湖南

续表

序号	许可证编号	公司名称	住所
114	Z2012445000017	广西恒大万通支付有限公司	广西
115	Z2012565000011	新疆润物网络有限公司	新疆
116	Z2012632000010	江苏省电子商务服务中心有限责任公司	江苏
117	Z2012737000014	山东网上有名网络科技有限公司	山东
118	Z2012831000019	上海申鑫电子支付股份有限公司	上海
119	Z2012931000018	上海亿付数字技术有限公司	上海
120	Z2013031000015	上海新华传媒电子商务有限公司	上海
121	Z2013131000014	上海商业高新技术发展有限公司	上海
122	Z2013231000013	上海乐易信息技术有限公司	上海
123	Z2013331000012	上海金诚通电子支付服务有限公司	上海
124	Z2013431000011	中钢银通信息技术服务有限公司	上海
125	Z2013531000010	上海大千商务服务有限公司	上海
126	Z2013631000019	上海润通实业投资有限公司	上海
127	Z2013831000017	上海巾帼三六五企业服务有限公司	上海
128	Z2013931000016	上海瑞得企业服务有限公司	上海
129	Z2014032000012	江苏爱心消费支付服务有限公司	江苏
130	Z2014132000011	江苏大众书局商务服务有限公司	江苏
131	Z2014232000010	南京万商商务服务有限公司	江苏
132	Z2014332000019	江苏鸿兴达邮政商务资讯有限公司	江苏
133	Z2014432000018	江苏旅通商务有限公司	江苏
134	Z2014532000017	无锡市民卡有限公司	江苏
135	Z2014632000016	苏州市民卡有限公司	江苏
136	Z2014737000010	山东城联一卡通支付有限责任公司	山东
137	Z2014851000010	成都天府通金融服务股份有限公司	四川
138	Z2014944000019	汇通宝支付有限责任公司	广东
139	Z2015044000015	中付支付科技有限公司	广东
140	Z2015144000014	深圳市商连商用电子技术有限公司	广东
141	Z2015361000010	陕西易通商联网络支付科技有限公司	陕西
142	Z2015461000019	陕西邮政西邮寄电子支付有限责任公司	陕西
143	Z2015511000019	北京恒信通电信服务有限公司	北京
144	Z2015611000018	北京和融通支付科技有限公司	北京

续表

序号	许可证编号	公司名称	住所
145	Z2015711000017	商银信支付服务有限责任公司	北京
146	Z2015811000016	北京市银博盛世电子商务有限公司	北京
147	Z2015911000015	北京银通支付有限公司	北京
148	Z2016111000011	北京华瑞富达科技有限公司	北京
149	Z2016211000010	北京高汇通商业管理有限公司	北京
150	Z2016411000018	银信联（北京）支付有限公司	北京
151	Z2016611000016	北京广聚福支付有限公司	北京
152	Z2016711000015	北京商银科技有限公司	北京
153	Z2016811000014	国旅（北京）信息科技有限公司	北京
154	Z2016950000015	重庆城市通卡支付有限责任公司	重庆
155	Z2017050000012	重庆市公众城市一卡通有限责任公司	重庆
156	Z2017150000011	重庆千礼科技有限公司	重庆
157	Z2017213000016	御嘉支付有限公司	河北
158	Z2017314000014	山西易联支付数据处理有限公司	山西
159	Z2017522000012	吉林省通卡支付股份有限公司	吉林
160	Z2017833000016	舟山市明生商盟科技服务有限公司	浙江
161	Z2017933000015	浙江银付通信息科技有限公司	浙江
162	Z2018035000010	福建一卡通网络有限责任公司	福建
163	Z2018135000019	福建省掌财通支付服务有限公司	福建
164	Z2018235000018	福建省瑞特商业支付有限公司	福建
165	Z2018335000017	厦门象屿支付有限公司	福建
166	Z2018434000017	安徽省万事通金卡通科技信息服务有限公司	安徽
167	Z2018534000016	安徽圣德天开信息科技有限公司	安徽
168	Z2018736000012	江西缴费通信息技术股份有限公司	江西
169	Z2018843000012	湖南潇湘支付有限公司	湖南
170	Z2019045000016	广西支付通商务服务有限公司	广西
171	Z2019146000014	海南海岛一卡通支付网络有限公司	海南
172	Z2019253000013	昆明卡互卡支付科技有限公司	云南
173	Z2019453000011	云南本元支付管理有限公司	云南
174	Z2019562000019	兰州易家万通企业服务有限公司	甘肃
175	Z2019637000010	青岛百森通支付有限公司	山东

续表

序号	许可证编号	公司名称	住所
176	Z2019737000019	青岛百达通支付服务有限公司	山东
177	Z2019831000014	广东汇卡商务服务有限公司	广东
178	Z2019943000019	湖南财信金通电子商务有限责任公司	湖南
179	Z2020031000010	上海千悦企业管理有限公司	上海
180	Z2020112000012	中汇电子支付有限公司	天津
181	Z2020221000010	辽宁新天数字科技有限公司	辽宁
182	Z2020332000016	江苏飞银商务智能科技有限公司	江苏
183	Z2020437000010	山东高速信联支付有限公司	山东
184	Z2020542000012	中百电子支付服务有限公司	湖北
185	Z2020651000019	成都支付通新信息技术服务有限公司	四川
186	Z2020761000016	陕西煤炭交易中心有限公司	陕西
187	Z2020811000016	北京亚科技术开发有限责任公司	北京
188	Z2020913000013	河北北人冀通支付服务有限公司	河北
189	Z2021033000016	杭州市民卡有限公司	浙江
190	Z2021134000014	合肥新思维商业管理有限责任公司	安徽
191	Z2021241000014	郑州建业至尊商务服务有限公司	河南
192	Z2021343000011	长沙星联商务服务有限公司	湖南
193	Z2021452000018	贵州贵金支付网络服务有限公司	贵州
194	Z2021537000017	山东银利企业服务有限公司	山东
195	Z2021631000012	上海商旅通商务服务有限公司	上海
196	Z2021732000010	江苏大贺会支付商务服务有限公司	江苏
197	Z2021832000019	江苏金禧智能卡管理有限公司	江苏
198	Z2021911000013	百联优力（北京）投资有限公司	北京
199	Z2022011000010	银盈通支付有限公司	北京
200	Z2022111000019	北京全顺通商贸有限公司	北京
201	Z2022211000018	中信恒达支付有限公司	北京
202	Z2022435000018	厦门夏商电子商务有限公司	福建
203	Z2022534000018	安徽皖垦商务投资服务有限公司	安徽
204	Z2022653000013	云南银通支付管理有限公司	云南
205	Z2022711000013	北京百付宝科技有限公司	北京
206	Z2022811000012	北京中汇金支付服务有限公司	北京

续表

序号	许可证编号	公司名称	住所
207	Z2022932000016	艾登瑞德（中国）有限公司	江苏
208	Z2023014000015	山西金虎信息服务有限公司	山西
209	Z2023111000017	北京国华汇银科技有限公司	北京
210	Z2023211000016	北京繁星山谷信息技术有限公司	北京
211	Z2023334000018	宁国百家汇投资管理有限公司	安徽
212	Z2023433000018	杭州通策会综合服务有限公司	浙江
213	Z2023531000019	上海索迪斯万通服务有限公司	上海
214	Z2023661000011	榆林元亨商务管理有限责任公司	陕西
215	Z2023734000014	安徽长润支付商务有限公司	安徽
216	Z2023835000012	福建省银通商务服务有限公司	福建
217	Z2023923000015	圣亚云鼎支付有限公司	黑龙江
218	Z2024044000017	广东信汇电子商务有限公司	广东
219	Z2024244000015	捷易付科技有限公司	广东
220	Z2024311000013	永超源支付科技有限公司	北京
221	Z2024411000012	北京新浪支付科技有限公司	北京
222	Z2024543000013	湖南银河金谷商务服务有限公司	湖南
223	Z2024642000013	武汉城市一卡通有限公司	湖北
224	Z2024733000013	快捷通支付服务有限公司	浙江
225	Z2024821000016	先锋支付有限公司	辽宁
226	Z2024936000018	汇明商务服务有限公司	江西
227	Z2025042000016	湖北蓝天星支付有限公司	湖北
228	Z2025161000011	西安城市一卡通有限责任公司	陕西
229	Z2025265000016	新疆一卡通商务服务有限公司	新疆
230	Z2025337000010	山东运达电子商务有限公司	山东
231	Z2025444000010	深圳瑞银信信息技术有限公司	广东
232	Z2025550000010	重庆联付通网络结算科技有限责任公司	重庆
233	Z2025642000010	武汉合众易宝科技有限公司	湖北
234	Z2025744000017	天下支付科技有限公司	广东
235	Z2025844000016	广州商物通网络科技有限公司	广东
236	Z2025944000015	广州市汇聚支付电子科技有限公司	广东
237	Z2026044000012	广州合利宝支付科技有限公司	广东

续表

序号	许可证编号	公司名称	住所
238	Z2026145000010	北海石基信息技术有限公司	广西
239	Z2026244000010	乐刷科技有限公司	广东
240	Z2026344000019	深圳市讯联智付网络有限公司	广东
241	Z2026437000017	金运通网络支付股份有限公司	山东
242	Z2026511000016	邦付宝支付科技有限公司	北京
243	Z2026637000015	山东飞银智能科技有限公司	山东
244	Z2026711000014	北京理房通支付科技有限公司	北京
245	Z2026811000013	北京畅捷通支付技术有限公司	北京
246	Z2026944000013	广东盛迪嘉电子商务股份有限公司	广东
247	Z2027044000010	广东广物电子商务有限公司	广东
248	Z2027133000012	传化支付有限公司	浙江

资料来源：根据中国人民银行网站数据整理。

表 1－2 已注销的许可机构（截至 2017 年 7 月）

序号	许可证编号	公司名称	住所
1	Z2006633000011	浙江易士企业管理服务有限公司	浙江
2	Z2007044000012	广东益民旅游休闲服务有限公司	广东
3	Z2003731000019	上海畅购企业服务有限公司	上海
4	Z2016311000019	北京润京搜索投资有限公司	北京
5	Z2004031000014	上海富友金融网络技术有限公司	上海
6	Z2007331000014	上海华势信息科技有限公司	上海
7	Z2007511000016	资和信网络支付有限公司	北京
8	Z2008531000010	上海付费通企业服务有限公司	上海
9	Z2017733000017	浙江盛炬支付技术有限公司	浙江
10	Z2024137000015	易通支付有限公司	山东
11	Z2001731000013	杉德电子商务服务有限公司	上海
12	Z2009031000013	通联商务服务有限公司	上海
13	Z2022333000011	温州之民信息服务有限公司	浙江
14	Z2009231000011	上海通卡投资管理有限公司	上海
15	Z2013731000018	普天银通支付有限公司	上海
16	Z2015261000011	西安银信商通电子支付有限公司	山西
17	Z2016011000012	北京交广科技发展有限公司	北京

续表

序号	许可证编号	公司名称	住所
18	Z2016511000017	北京中诚信和支付有限公司	北京
19	Z2017414000013	山西兰花商务支付有限公司	山西
20	Z2017623000010	哈尔滨金联信支付科技有限公司	黑龙江
21	Z2018634000015	安徽瑞祥资讯服务有限公司	安徽
22	Z2018943000011	长沙商联电子商务有限公司	湖南
23	Z2019353000012	乐富支付有限公司	云南

资料来源：根据中国人民银行网站数据整理。

第三方支付机构的运营模式既有依托于自有 B2C、C2C 电子商务网站并提供担保功能的模式，也有不具备担保功能、平台完全独立于电子商务网站的模式；支付模式主要有快捷支付模式、钱包模式、网关模式。

目前，已有第三方支付机构开展跨境支付业务试点，持卡人使用单币种（人民币）的银行卡就可以通过试点第三方支付机构在境外网站上购物消费，非常方便。第三方支付发展快速，已由最初的为网上交易服务，逐步延伸到话费充值、公共缴费等领域。网上销售与购买基金、保险等基于互联网的财富管理模式的创新，也促进了第三方支付的跨越式发展。随着智能手机、平板电脑和 4G 网络技术的发展，移动支付也蓬勃发展起来。

近年来，我国的非银行支付机构业务增长极其显著，人民银行统计数据表明，我国非银行支付机构的处理业务量从 2013 年的 371 亿笔增加到 2016 年的 1855 亿笔，金额从 18 万亿元增加到 120 万亿元，年复合增长率分别达到 71% 和 90%。根据中国清算支付协会 2017 年 4 月 26 日发布的《中国支付清算行业运行报告 2017》，互联网支付行业整体保持安全、平稳、高效运行，交易规模稳步提升。2016 年，非银行支付机构共处理互联网支付业务 663.3 亿笔，业务金额 54.25 万亿元，分别比上年增长 98.60% 和 124.27%。移动支付行业延续高速发展态势。2016 年，非银行支付机构共处理移动支付业务 970.51 亿笔，51.01 万亿元，同比分别增长 143.47% 和 132.29%。

（二）网络借贷

网络借贷包括个体网络借贷（即 P2P 网络借贷）和网络小额贷款。

1. 个体网络借贷

个体网络借贷即 P2P 网络借贷，是指个体和个体之间通过 P2P 网络借贷平台实现的直接借贷，本质上属于民间小额借贷。借助于 P2P 网络借贷平台，以“一对一”或“一对多”的模式满足投资人和融资人的投融资需求。个体网络借贷金额小、期限短，具有门槛低、成本低和便捷、高效的优势。

P2P网络借贷的流程一般为：首先，融资人在平台上注册，并在线提交身份证明和收入证明。经平台审核后，融资人即可在平台上发布借款信息。其次，平台通过视频认证、查看银行流水账单、身份认证等方式审核融资人的资质，并对融资人进行信用等级评价。根据信用评级的结果，平台会对融资人给出一个最低利率或固定利率。最后，投资人参与竞标，利率低者中标。

据网贷之家网贷导航数据显示，自2007年8月国内首家P2P网络借贷平台“拍拍贷”上线以来，截至2017年7月，我国陆续上线运营的P2P网络借贷平台累计达5843家，其中北京736家、上海677家、天津67家、重庆116家、河北146家、山西43家、内蒙古20家、辽宁53家、吉林22家、黑龙江25家、山东661家、江苏288家、安徽207家、浙江603家、福建138家、广东1022家、广西74家、海南17家、江西80家、湖南127家、湖北183家、河南121家、四川151家、贵州61家、云南69家、陕西76家、甘肃17家、宁夏18家、新疆23家、青海2家。

后来一些平台出现了停业、提现困难、跑路、经侦介入、转型等问题，出现问题的P2P网络借贷平台累计有3859家，其中北京367家、上海389家、天津39家、重庆75家、河北118家、山西30家、内蒙古13家、辽宁27家、吉林13家、黑龙江18家、山东586家、江苏218家、安徽160家、浙江371家、福建89家、广东642家、广西48家、海南13家、江西45家、湖南95家、湖北123家、河南90家、四川111家、贵州39家、云南50家、陕西59家、甘肃13家、宁夏11家、新疆5家、青海2家。

目前，正常运营的P2P网络借贷平台有1984家，其中北京369家、上海288家、天津28家、重庆41家、河北28家、山西13家、内蒙古7家、辽宁26家、吉林9家、黑龙江7家、山东75家、江苏70家、安徽47家、浙江232家、福建49家、广东380家、广西26家、海南4家、江西35家、湖南32家、湖北60家、河南31家、四川40家、贵州22家、云南19家、陕西17家、甘肃4家、宁夏7家、新疆18家，如表1-3所示。

表1-3　我国P2P网络借贷平台

省、市、区	正常运营平台数量	累计问题平台数量 （含停业、提现困难、跑路、经侦介入、转型）	累计上线 平台数量
北京	369	367	736
上海	288	389	677
天津	28	39	67

续表

省、市、区	正常运营平台数量	累计问题平台数量 （含停业、提现困难、跑路、经侦介入、转型）	累计上线 平台数量
重庆	41	75	116
河北	28	118	146
山西	13	30	43
内蒙古	7	13	20
辽宁	26	27	53
吉林	9	13	22
黑龙江	7	18	25
山东	75	586	661
江苏	70	218	288
安徽	47	160	207
浙江	232	371	603
福建	49	89	138
广东	380	642	1022
广西	26	48	74
海南	4	13	17
江西	35	45	80
湖南	32	95	127
湖北	60	123	183
河南	31	90	121
四川	40	111	151
贵州	22	39	61
云南	19	50	69
陕西	17	59	76
甘肃	4	13	17
宁夏	7	11	18
新疆	18	5	23
青海	0	2	2
全国	1984	3859	5843

资料来源：网贷之家。

P2P 网络借贷部分取代了传统商业银行的信用中介职能，弥补了传统商业银行在信息搜集和处理、资金处理效率等方面的不足，有利于降低借贷双方的信息不对称和交易成本。P2P 网络借贷门槛低，主要集中于银行忽视或不重视的小微企业和广大个人客户。P2P 网络借贷拓宽了小微企业融资的渠道，为广大个人客户提供了便利、快捷、低价的“自金融”服务。可以说，P2P 网络借贷拓展了金融服务的边界，提高了金融的普惠性，提升了全社会的金融服务水平。

2. 网络小额贷款

网络小额贷款是指互联网企业通过其控制的小额贷款公司，利用互联网向客户提供的小额贷款。2010 年 3 月 25 日，全国第一家网络小额贷款公司浙江阿里巴巴小额贷款股份有限公司（简称阿里小贷，后更名蚂蚁小贷，现名网商贷）在杭州成立。此后，网络小额贷款公司如雨后春笋般不断涌现。统计数据显示，截至 2017 年 6 月末，全国共有 129 家网络小额贷款公司。网络小额贷款公司通过网络平台向客户发放贷款，其客户一般是自身电商交易平台的小微企业。

网络小额贷款是基于电商平台基础上形成的网上交易信息与网上支付形成的大数据金融，通过云计算和模型数据处理能力而形成信用或订单融资模式。与传统金融依靠抵押或担保的金融模式之不同在于，网络小额贷款主要基于对电商平台的交易数据、社交网络的用户交易与交互信息和购物行为习惯等的大数据进行云计算而实时计算得分和分析处理，形成网络商户在电商平台中的累积信用数据，通过电商所构建的网络信用评级体系和金融风险计算模型及风险控制体系，实时向网络商户发放订单贷款或者信用贷款，批量快速高效。

（三）股权众筹

股权众筹融资主要指通过互联网形式进行公开小额股权融资的活动。股权众筹融资必须通过股权众筹融资中介机构平台（互联网网站或其他类似的电子媒介）进行。股权众筹融资方应为小微企业，应通过股权众筹融资中介机构向投资人如实披露企业的商业模式、经营管理、财务、资金使用等关键信息，不得误导或欺诈投资者。投资者应充分了解股权众筹融资活动风险，具备相应风险承受能力，进行小额投资。

股权众筹融资是指小微企业通过股权众筹融资中介机构平台进行公开小额股权融资的活动。股权众筹的参与者有三方：一是有融资需求的小微企业，即项目发起人；二是股权众筹融资中介机构，其以众筹平台的形式充当投融资双方的中间人；三是投资人，众筹成功以后成为企业的股东。股权众筹融资的流程是：有融资需求的小微企业在众筹平台注册并提交众筹项目申请，经众筹平台审核挂牌融资；合格投资人通过众筹平台了解众筹项目的情况，参与众筹。小微企业股权众筹融资项目设有筹资额与筹资期，在筹资期内完成筹资额的项目筹资成功，否则项目众筹失败退还投资人资金。在我国，由于征信体系目前尚不完善以及投资人的投资知识浅薄，所以股权众筹一般采取“领投+跟投”模式，即由投资经验丰富的投资人作为领投人，其他投资人在领投人投资后跟从投资。

2011年7月上线的“点名时间”是国内最早的众筹平台，也是目前国内最大、发展最成熟的众筹平台。据众筹家平台导航数据显示，截至2017年7月，我国正常运营的众筹平台有548家，其中北京111家、上海65家、天津6家、重庆9家、河北16家、山西1家、内蒙古1家、辽宁4家、山东92家、江苏30家、安徽13家、浙江40家、福建7家、广东100家、广西5家、海南3家、江西2家、湖南7家、湖北11家、河南7家、四川11家、云南1家、陕西5家、新疆1家，如表1-4所示。

表1-4 我国众筹平台

省、市、区	平台数量
北京	111
上海	65
天津	6
重庆	9
河北	16
山西	1
内蒙古	1
辽宁	4
山东	92
江苏	30
安徽	13
浙江	40
福建	7
广东	100
广西	5
海南	3
江西	2
湖南	7
湖北	11
河南	7
四川	11
云南	1

续表

省、市、区	平台数量
陕西	5
新疆	1
全国	548

资料来源：众筹家。

（四）互联网基金销售

在基金销售领域，互联网金融主要有两种模式：第一，将现有的金融产品与互联网相结合研发形成的新型的投资理财产品。其中，最典型的代表是2013年6月13日阿里巴巴集团支付宝公司推出的“余额宝”。“余额宝”的实质是同货币基金绑定，支付宝客户购买“余额宝”实际就是购买了天弘基金的“增利宝”货币市场基金。第二，互联网企业平台为金融机构发布基金等理财产品的信息，并进行金融机构理财产品的代销。电商平台拥有数量庞大的线上客户，这是其他销售渠道所不可比拟的。代表电商的平台有“融360”“好贷网”等。

通过互联网平台进行基金销售是一种新型的财富管理模式。互联网基金销售不受时间空间的限制、操作方便快捷，日益受到大众的青睐。

二、综合的互联网金融形式

（一）互联网银行

互联网银行是由非金融机构开办的纯网络银行。互联网银行没有有形的物理网点，没有营业柜台，全部服务依托于互联网。与传统商业银行相比，互联网银行更重视客户的体验、数据的挖掘，其IT技术也比传统商业银行更先进。互联网银行的服务对象主要是小微企业及个人。互联网银行基于大数据了解小微企业及个人的情况并挖掘他们的需求，提供小微企业及个人需要的产品和服务。互联网银行的经营范围包括吸收公众主要是小微企业及个人存款；向小微企业及个人发放短期、中期和长期贷款；办理国内外结算以及票据、债券、外汇、银行卡等业务。

1. 深圳前海微众银行

2014年12月28日，由腾讯、百业源、立业集团等10家股东发起设立的国内第一家互联网银行——深圳前海微众银行成立，并于2015年1月4日向个体创业者发放了第一笔贷款。深圳前海微众银行通过人脸识别技术识别客户的身份，通过社交媒体等大数据分析对客户进行信用评级，对信用等级较高的客户软件系统会自动给出同意授予贷款的额度。

2. 浙江网商银行

2015年6月25日，浙江网商银行正式开业。浙江网商银行由浙江蚂蚁小微金融服务集团、上海复星工业技术发展有限公司、万向三农集团有限公司、宁波市金润资产经营有限公司共同发起设立。

浙江网商银行是一家以互联网为平台面向小微企业和网络消费者开展金融服务的民营银行，按照“小存小贷”模式为小微企业和网络消费者提供有关贸易与生活方面的金融解决方案。浙江网商银行以互联网为主要手段和工具，全网络化运营，提供网络特色、适合网络操作、结构相对简单的金融服务和产品。网商银行作为纯互联网银行，坚决服务“长尾”客户，关注广大的小微网商、个人创业者和普通消费者，特别是农村消费群体。

网商银行是中国第一家将核心系统架构在金融云上的银行。基于金融云计算平台，网商银行拥有处理高并发金融交易、海量大数据和弹性扩容的能力，可以利用互联网和大数据的优势，给更多小微企业提供金融服务。网商银行定位为网商首选的金融服务商、互联网银行的探索者和普惠金融的实践者，为小微企业、大众消费者、农村经营者与农户、中小金融机构提供服务。网商银行将普惠金融作为自身的使命，利用互联网的技术、数据和渠道创新，来帮助解决小微企业融资难融资贵、农村金融服务匮乏等问题，促进实体经济发展。

（二）互联网保险公司

随着“互联网+”的风靡，保险业也迎来了热潮，各路资本纷纷布局互联网保险业务。目前，开通互联网保险业务的公司已经有100多家，然而其中具备互联网保险牌照的公司只有4家：众安在线财产保险股份有限公司、泰康在线财产保险股份有限公司、安心财产保险有限责任公司、易安财产保险股份有限公司。

1. 众安在线

2013年11月6日，众安在线财产保险股份有限公司（以下简称众安保险）正式开业，成为国内首家互联网保险公司。众安保险注册资本12.41亿元，总部位于上海。

众安保险是中国整个保险业在互联网新金融创新上的一次“破冰”。众安保险由蚂蚁金服、腾讯、中国平安等发起设立，产品涵盖盗刷险、旅行险、健康险、意外险、团体险等产品品类。“众安在线”突破了国内原有保险营销模式，其最大特色是，除注册地上海之外，全国均不设任何分支机构，完全通过互联网进行销售和理赔服务。众安保险的定位是“服务互联网”，客户主要面向电商卖家、互联网运营商、互联网消费者等互联网端的企业和用户。核心优势：基于场景进行产品设计；基于互联网大数据进行定价；无缝接入场景，交叉销售；自动化进行理赔。业务流程全程在线、三步投保、无理退保、便捷理赔。众安保险的

业务范围是与互联网交易直接相关的企业、家庭财产保险、货运保险、责任保险、信用保证保险；机动车保险，包括机动车交通事故责任强制保险和机动车商业保险；上述业务的再保险分出业务；国家法律、法规允许的保险资金运用业务；保险信息服务业务。目前，其特色产品有：银行卡盗刷资金损失险、途虎轮胎险、小米手机意外险、个人法律费用补偿险等。

2. 泰康在线

2015 年 11 月 18 日泰康在线挂牌成立，注册地武汉，注册资金 10 亿元。其母公司是泰康人寿保险股份有限公司，泰康人寿于 2000 年 9 月在互联网开设网站，开出了中国第一份电子保单。从传统保险网销平台到互联网保险公司，历经 15 年。

泰康在线的战略核心是“互联网 + 大健康”。在全国性养老社区、医疗资源、医院等大健康产业链上均有战略布局，并与阿里、腾讯、携程等互联网公司保持密切合作以开拓更多的保险场景。泰康在线的互联网保险产品有健康责任险、家财险、货运险、宠物医疗险等。在理赔方面，为了提高互联网保险理赔便捷性，推出微信“一站式理赔”特色服务，用户拍照然后通过微信上传资料，就可以申请在线理赔。

3. 安心保险

2016 年 1 月 18 日上线，注册资金 10 亿元，注册地北京。安心保险是国内首家全业务系统建立在云上的保险公司，也是第三家互联网保险公司。安心保险由北京洪海明珠软件科技有限公司、北京玺萌置业有限公司、中诚信投资有限公司 7 家股东发起成立。业务经营范围有与互联网交易直接相关的企业/家庭财产保险、货运保险、责任保险、信用保证保险。

安心财险依托腾讯云，运用云计算、大数据和移动互联网技术，实现从产品设计、投保、核保、理赔的全业务链条的互联网化。安心保险以生活场景切入，将保险服务融入消费者生活的“衣、食、住、行、玩”各个方面。主打业务创新型财险，其特色产品有：家庭财产盗抢保险、家庭财产水暖管爆裂险、网络支付险等。与其他三家互联网保险公司不同的是，安心保险会有选择性地建立线下分支机构，解决客户在线上、线上的服务中遇到的问题。

4. 易安保险

2016 年 4 月 8 日上线，注册资本 10 亿元，注册地深圳。易安保险由深圳市银之杰科技股份有限公司、深圳光汇石油集团股份有限公司、上海银必信资产管理有限公司、北京富邦恒业科技发展有限公司、北京恒屹鑫源科技有限公司、山东达能工贸有限公司、深圳锦久辰商贸有限公司 7 家股东发起成立。营业范围是：与互联网交易直接相关的企业与家庭财产保险、货运保险、责任保险、信用保证保险业务，以及相关再保险和保险资金运用业务。

易安保险运用互联网、云计算和大数据技术，实现保险业务和互联网、电商的融合，开展创新型互联网保险服务。在市场定位方面，易安保险走差异化发展路径，力求提供“少而精”的服务。目前有“易安居家庭财产保障险”和“理财保”个人账户资金安全险等产品。

除上述外，互联网金融还有互联网信托、互联网消费金融等多种形式。

第四节　互联网金融产生的影响

一、互联网金融是普惠金融

普惠金融是指能有效、全方位地为社会所有阶层和群体提供服务的金融体系。

普惠金融（Inclusive Finance）概念于2005年国际小额信贷年提出，其基本含义是指能够有效地、全方位地为社会所有阶层和群体（尤其是贫困与低收入人群）提供金融服务。普惠金融是联合国为宣传小额信贷推出的概念：为所有的群体提供金融服务。

“普”与“惠”高度地概括了普惠金融的宏观意义。“普”意普遍，即强调金融服务对象的普遍性；“惠”意惠民，“民”指宏观上的经济主体（包括自然人与企业）。普惠金融更强调金融对普通民众及贫困低收入群体的支持。

由于小微企业、部分个人客户等大众客户群体信用记录很少，缺乏有效的抵押品，加上交易金额小，难以实现规模经济，运营成本较高，传统金融机构无法有效满足这部分客户的金融需求，从而导致金融排斥。

在互联网金融下，交易双方通过互联网搜集信息，降低了信息不对称和交易成本，拓展了金融服务边界，可以帮助金融机构覆盖小微企业主与偏远地区农户。

二、互联网金融对银行业的影响

除互联网银行对传统商业银行的负债、资产和中间业务均产生了影响之外，其他互联网金融形式也对传统商业银行的负债、资产和中间业务产生了影响。

（一）对商业银行负债业务的影响

1. 互联网投资理财产品分流了商业银行的储蓄存款，提高了商业银行的负债成本

“余额宝”等活期互联网投资理财产品为客户的活期存款在保“活”的基础

上，提供了一条几乎没有风险的增值渠道。在收益方面，“余额宝”等活期互联网投资理财产品比银行活期存款高几倍、十几倍甚至几十倍。2017 年 6 月 30 日余额宝 7 日年化收益仍高达 4.157%，是活期储蓄存款收益（0.35%）的 11.88 倍。在使用方面，“余额宝”等活期互联网投资理财产品方便灵活，支持 7×24 小时随存随取快速到账，而且没有手续费。自推出以来，余额宝保持了旺盛的申购和赎回。由于“余额宝”等活期互联网投资理财产品具有“高收益”“方便灵活”的优点，因此必定会引起商业银行活期储蓄存款的分流。截至 2017 年 6 月底，余额宝规模高达 1.43 万亿元。

在“余额宝”等活期互联网投资理财产品推出的同时，也出现了一些定期互联网投资理财产品，但期限较短，一般有 7 天、14 天、30 天和 60 天等。期限较短的定期互联网投资理财产品的出现，在一定程度上分流了定期储蓄存款中的短期存款。

由于互联网投资理财产品很大部分投资于银行定期存单、协议存款、同业存款等，因此从商业银行流出的储蓄存款又以其他存款的形式回流到商业银行，提高了商业银行的负债成本。

2. 第三方支付分流了商业银行的储蓄存款，提高了商业银行的负债成本

第三方支付对商业银行储蓄存款的分流主要体现在两个方面：

第一，由于第三方支付平台具有延迟支付功能，所以消费者通过其结算的资金会有一部分沉淀在第三方支付平台。这部分资金主要是消费者银行卡里用于网上交易的活期储蓄存款。随着第三方支付向线下延伸和向大额支付领域扩展，资金沉淀规模呈不断扩大的趋势。这些沉淀在第三方支付体系的巨额资金，在分流商业银行活期储蓄存款的同时，也使商业银行必须向第三方支付机构支付大量的利息，提高了商业银行的负债成本。

第二，随着第三方支付向互联网基金、互联网保险等互联网财富管理领域的拓展，客户通过第三方支付平台购买收益超过银行定期存款的基金、保险等互联网理财产品，也分流了一部分商业银行的定期储蓄存款。

（二）对商业银行资产业务的影响

互联网融资平台的出现使借贷双方绕开了商业银行进行借贷，商业银行的贷款业务受到影响。互联网融资目前针对的主要是小微企业和个人，大中型企业通过互联网融资平台融资的还比较少，因此互联网融资对致力于发展大中型企业信贷业务的大型银行影响不大，但对主要发展小微企业信贷业务、个人信贷业务的中小银行影响较大，产生了一定的竞争压力。互联网融资分流了中小银行的一部分小微企业客户和个人客户，中小银行的贷款业务受到影响，利差收入受到影响。将来，如果互联网融资平台借助强大的信息收集和处理能力进一步升级，把

客户向大中型企业延伸，则大型银行的贷款业务也会受到影响。

（三）对商业银行中间业务的影响

1. 第三方支付平台的迅速发展使商业银行的支付结算沉淀资金和支付结算手续费收入减少

支付结算传统上是由商业银行遍布各地的网点通过电话、电报相互联系为客户办理的，是其他行业无法取代的。通过办理支付结算业务，商业银行不仅能占用从中产生的大量沉淀资金，而且也会获得中间业务收入。但在网络时代，商业银行通过互联网办理支付结算不再具有任何优势，互联网企业依托第三方支付平台，也可以高效率、低成本地完成。同商业银行网上支付相比，第三方支付平台操作更便捷、收费更低，消费者更易接受。根据中国清算支付协会发布的《中国支付清算行业运行报告 2017》，2016 年我国第三方支付市场规模达 120 万亿元。第三方支付平台的迅速发展使商业银行的支付结算沉淀资金和支付结算手续费收入减少。

2. 互联网企业依托第三方支付平台分流了商业银行的代理业务，使商业银行的代理收入减少

目前，依托第三方支付平台，一些互联网企业开展了话费充值、公共缴费等中间业务。有的第三方支付平台也取得了代理销售基金、保险等理财产品的资格，打破了银行销售投资理财产品的垄断局面。由于第三方支付平台手续费较低，因此在与商业银行的竞争中具有优势。第三方支付平台代理业务的开展，分流了商业银行的代理业务，许多商业银行的代理收入出现下滑。

第二章　金融集聚对区域经济、互联网金融产业发展的机理影响

第一节　金融集聚

金融产业是现代经济的核心产业，在现代经济发展中起着至关重要的作用。20 世纪 70 年代以来，在经济全球化和信息技术飞速发展的推动下，金融市场迅速发展，资本和金融资源的流动不断加快，金融产业在区域经济中的地位和作用越来越重要。当金融发展到一定程度时，金融机构和金融资源会聚集于某一区域，形成一定程度的金融集聚。金融集聚可以带来金融机构间的相互协作和基础设施共享，有利于所在地区的经济发展；还能够通过金融资源在周边地区的充分流动和优化配置，带动周边地区交易的增长、投资的繁荣和经济的发展。

一、金融集聚的内涵与特征

（一）金融集聚的定义与内涵

“集聚”一词源于产业经济学。产业集聚是一组在地缘上接近的相关企业和机构，它们同处或相关于一个特定的产业领域，由于共同性和互补性联系在一起，从而形成强劲、持续的竞争优势。

金融集聚即金融产业集聚，是在产业集聚的基础上逐渐形成并有所发展。一般认为，金融集聚是货币资金、金融工具、金融机构、金融市场、整体功能性金融资源等在时空动态运动的有机结合。金融集聚既有产业集聚的共性，也有其独特的内涵，具体表现在以下方面。

从产生上看，金融集聚可分为内生型和外生型两种。内生型即自然形成模式，往往需要几十年甚至上百年的演化，且一般该地区经济发达，已经形成了专

业化的市场；外生型即政府主导模式，是指在实体经济相对弱小的条件下，政府通过优惠政策刺激金融市场发展，提高金融资源效率，形成的金融集聚。

从形式和内容上看，区域金融集聚表现为某地域范围内金融资源、金融机构、金融市场、金融人才、金融信息及其相关服务机构、研究机构等的空间聚集。在区域金融集聚的产生和发展过程中，金融产业不断发展，金融结构不断优化，金融制度不断完善，金融市场不断健全，金融信息实现共享，金融资源在地区范围内优化配置并实现了融合。

从本质上看，金融活动的参与主体金融机构、政府、企业、个人以及其他支持服务性金融机构，地域邻近从而拥有更多“面对面”交流的机会，并以彼此的共通性和互补性连接在一起，共享信息、资源、设施和市场，从而在效率、效益等方面创造了竞争优势。从影响和作用来看，金融集聚对区域经济增长具有促进作用，能够为实体经济的发展提供丰富的金融资源和多样的融资渠道。

总之，金融集聚既是一个过程也是一种状态或者结果。金融集聚即是指金融资源、金融机构（包括跨国金融机构）、金融市场、金融监管部门及其金融从业人员等，在某地域高度集中，通过市场联系和非市场联系，形成的相互竞争、相互合作、共同发展的产业群体。金融集聚主要表现在以下四个方面：金融资源的高度集中和融合，通过规模经济效应，从而实现金融资源的高效配置；金融市场和金融机构共享完善的基础设施和相关信息，从而实现进一步发展和优势补充，提高融资效率；金融监管部门对金融机构和金融市场进行监管，这些监管部门主要分布在国家或区域金融中心；金融就业人员则具有很大的依附性，随着金融机构和金融资源的流动而转移。

（二）金融产业特征

金融产业的主体是经营货币资金及金融衍生品的经济实体，金融业提供的产品是投融资产品和金融中介服务，交易媒介是货币和金融工具，其构成要素包括金融经营组织、金融监管机构、金融产品生产和流通市场等。金融资源具有突出的层次结构特征，金融资源包括以下几个层次：基础核心层的货币资金、实体性中间层的工具体系和组织体系、整体功能层的制度和法规等。各层次金融要素间分工明晰、互相关联。所有金融要素按照一定层次结构参与区域间的运动，通过专业部门的运作，构成完整、独特的金融价值运动系统，凝聚成具有同一属性的产业集合，其中有两个重要的因素对金融体系的形式产生重要的影响。

1. 交易成本与金融产业

交易成本是金融交易花费的时间和金钱，交易成本是一个金融体系有效运作的主要约束。金融系统的发展能够降低交易成本。现在，计算机和通信技术对金融交易成本具有很大影响，计算机和数据传输的发明带来了交易成本大幅度下降。以大数据、云计算、平台技术、移动互联网为特征的互联网技术推动了传统银行业的创新和变革，推动银行变革支付清算手段，升级客户管理、客户服务和运营管理模式，重构风险评估体系，使金融交易成本大幅降低。

2. 信息不对称与金融产业

信息不对称是指交易的一方对交易另一方的信息掌握得不充分而无法做出正确的决策。信息不对称严重影响资源配置效率，导致市场失灵，很多原本可以实施的市场交易无法完成。金融的核心是连接资金的需求与供给，其中关键是信息。信息不对称会影响金融的发展。互联网全天候不间断运行，能够将信息的传播范围扩大到极致，资金供需之间的信息壁垒被打通，使直接融资成为可能。互联网金融作为新兴的金融模式，有利于改善金融信息的不对称，基于互联网强大信息处理能力的资金配置效率将不断提升。

（三）金融集聚的特征

金融集聚是货币资金、金融机构、金融市场、金融工具以及整体功能性金融资源等在时空动态运动的有机结合。金融集聚有其本身不同于产业集聚的一些特征，这些特征包括：

1. 金融集聚的地域性或空间性

初始时期，金融资源在地域分布上是不连续甚至分散的，正是这种初始的地域差异性，引致了金融地域的运动。金融地域运动是指金融资源遵循某些特定的规律而进行的地域配置、组合的时空变化过程，这种特定的运动也可以称作金融运动的地域选择过程，归根结底是金融效率的空间提高和调整。所以，金融集聚的地域性也可以称作空间性。金融地域的运动结果导致金融资源的集合，有利于金融资源的优化配置，有利于规模经济的实现，有利于促进一国或地区的金融发展。

2. 金融集聚的动态成长性

金融集聚并不是静止不变的，而是处在动态变化的过程中。这种动态成长性表现在量和质两个方面。量的方面表现为：金融机构数目的增长、经营规模的增长、经营范围的扩大、业务种类的多样化、服务领域的扩大以及资产总量的扩大等方面。质的方面表现为：在市场机制的作用下金融组织体系的完善和金融系统运行效率的提高。换句话说，在金融业的发展下，随着金融资源的集聚，金融产业不断发展成为地区金融中心，继续发展成为全国金融中心，更甚者成为国际金融中心。

3. 金融集聚的复合性

金融集聚虽然是各种丰富的金融资源的结合、扩展和成长而形成的，但金融集聚并不是由单个的金融产业孤立地成长和发展起来的。金融集聚的形成和发展的过程中，尤其是在金融集聚形成初期，金融产业为了求得自身的不断发展，需要与其所在的经济地域系统保持可持续的空间物质交换关系。

4. 金融集聚的层次性

从我国国民经济的发展空间看，由于自然条件、自然要素等方面的地域差异，在市场经济的调节机制下，为实现金融资源的优化配置，金融资源必将会在某些特定规律的推动下产生一定的地域运动，并逐渐向位于其他资源优越的地区靠拢和集中，从而形成金融集聚的层次性。

二、金融集聚与产业集群

在形式上，区域金融表现为金融机构、金融工具、金融市场、金融中介服务、人力资源和其他金融研究机构集聚在某一特定区域。从本质上看，表现为主要的金融活动（包括金融活动的参与者，主要是金融机构、政府、企业、个人，以及从事金融服务支持活动的中介组织）在地理上邻近、相互关联，并以彼此的共同性和互补性相联结，能在效率、效益等方面创造竞争优势的空间组织形式。从内容的角度看，区域金融集聚是优化金融机构、金融体系不断完善、金融资源和其他产业之间的协调以及区域经济的不断融合与发展的过程。金融集聚过程表现为金融资源和地理条件的某些领域的协调配置以及金融资源在时间和空间的动态变化过程的组合，金融产业成长、发展，进而在此区域内生成金融地域密集系统的变化过程。

金融集聚是在传统产业集聚形成和发展的基础上逐步形成的，金融集聚除了具备传统产业集聚的一些特点外，还具有许多新的特征，如表 2 -1 所示。

表 2 -1　产业集聚与金融集聚比较

集聚类型	产业集聚	金融集聚
集聚内容	产业（制造业、商业）	金融业及相关服务业
集聚速度	较缓	金融的高度流动性使得集聚速度较快
集聚程度	集聚程度较金融低	可以形成高度的集聚
集聚模式	各种模式（马歇尔、意大利式产业集聚，卫星平台式集聚，辐射式产业集聚）	新型产业集聚模式
集聚动因	空间外在性、不对称信息与默示信息	除一般产业集聚动机外，还存在特殊动因（如高流动性、产业集聚的伴随物、经济主导与核心）
影响因素	自然条件、历史、偶然因素、规模经济和外部性、企业组织、结构、竞争和创新	除此之外，受经济发展阶段、体制及国际环境影响较大

续表

集聚类型	产业集聚	金融集聚
集聚条件要求及所依赖的社会发展阶段	不同条件、不同阶段下都可能发生	较高的经济与社会条件、较高的社会发展阶段
效应传导机制	集聚效应、扩散效应、溢出效应	集聚效应、扩散效应、溢出效应、功能效应
影响范围	主要集中于本产业及相关产业	不仅影响金融业，还影响到所有相关产业
监管	行业性监管	较为复杂，综合性监管
风险传导	行业性风险	较快，影响范围大
政策引导	政策作用相对明显	政策作用机制较复杂，作用效果不确定，受体制影响比较大

资料来源：黄解宇. 金融集聚论［M］. 北京：中国社会科学出版社，2008.

三、金融集聚的动因分析

金融集聚的产生发展是金融业由低级到高级、从无序到有序且结构功能不断完善而不可逆转的发展过程，实现自身利润的最大化是金融集群化发展的主要动因。

（一）金融产品复合化趋势的产物

随着金融服务行业竞争的加剧，金融业逐渐从单一的产品和服务向多元化金融机构的演化方向快速发展，金融产品呈现出多样化的特点和趋势。金融产品出现了多元化的形式。随着人们对金融市场的认识逐步提高，金融衍生工具逐渐形成，如期货市场、信托产品、资产证券化这些工具、产品的出现是市场需求的结果，也是各金融机构互相合作的成果。同时，客户需要快速和方便的资金转移，从而实现更大程度的资本利润。由于金融产品和货币资金直接联系，而频繁交易的资金需要不同金融产品具有不同的时代要求，这种“一站式”的金融服务对金融机构提供金融服务提出了更高的要求。此外，市场对金融产品的需求日益多样化，金融产品的供应商容易受到“寻租”的利益驱动，金融业受到内部和外部的竞争压力以及企业利润最大化的推动，金融机构通过对不同金融产品组合构成不同的业务，实现金融服务的跨行业提供产品，实现金融产品的复合化发展，进而获得更多的额外收益。金融产品复合型特征的强化，得益于金融商品市场化的急剧扩张以及现代计算机网络技术的快速推动。金融集群是复合型金融产品趋势强化的根本要求，集群是金融产品复杂化的发展趋势，也提高了对金融基础条件的要求。目前，银行业务外包的出现加速了跨行业提供金融服务的进程。

（二）金融功能演化扩展的需求

金融功能随着金融发展而不断丰富与演化，在不同的发展阶段有不同意义的金融功能，这个过程是一个从初级到高级、从简单到复杂的缓慢演变过程。金融发展可以被理解为金融功能的逐渐演化扩张。在金融发展的初级阶段，金融发展的形成是以货币流动为标志的，主要是通过货币的价值形式提高金融资源流通效率。在这个发展阶段，金融功能只是简单地表现为企业提供金融服务和中介等基础性职能。在金融基础功能不断演化、进步的基础上，金融功能进入了以资源配置为主要功能的全新时期，这一时期的经济体系中的货币化程度和金融化程度不断提升，社会经济资源配置趋向于由金融机构通过其资源配置手段实现，金融的资源配置功能由隐性逐渐变成金融的主要功能特征，金融发展进入了以资源配置为主要功能的金融功能时期。

随着日益复杂的金融体制的逐渐演变，在金融功能不断丰富的情况下，单一金融企业由于其资产功能单一性程度较高，从而无法满足客户对金融效率提升的要求，因此需要一种功能更全面的金融功能形态，以适应金融需求的演变。在金融机构服务不同但存在互补的情况下，通过企业集群的形式进行金融交易，使不同的金融企业可以根据各自持有的金融要素以及各自的优势，最终能够形成各自特有的竞争能力，有利于金融企业吸收更多的知识进行创新，从而形成金融集群经济。自20世纪70年代以来，随着计算机网络技术的迅速发展，金融业进入一个前所未有的高速发展阶段，随着金融对经济的渗透进一步深化，金融在经济过程中更广泛地发挥作用，金融资源配置的价值功能逐步扩大，金融方法、手段和金融活动更加丰富发达，金融效率也得到大幅度的提高，这一切使得金融功能的实现有了更多的选择，金融业在上述功能完善的基础上承担了风险调控、宏观经济调节等重要的经济衍生功能。此外，金融机构不同的配置方式而形成不同的能力和技能，在这种情况下，利用多元整合进行生产的成本相当高，而通过金融集聚能实现优势互补发展，同时能降低金融体系整体运行成本并提高运行效率。

（三）金融产业演化高级阶段的需求

初期的金融功能是由功能单一的金融机构提供，随着日益明显的金融复合化发展趋势，金融功能和金融需求的日益多样化变得更加复杂，单一的金融机构已经不能满足市场需求，金融企业迫于激烈的市场竞争压力，必须向功能多元化的方向发展。于是开始产生了金融集团公司，其发展能解决投资渠道过于单一的问题，以满足市场对金融产品复合化的需求，促进了复合性金融产品的产生。但是金融集团公司的运营方式容易产生企业控制性风险，由于企业产品的复合化生产从而使得企业风险管理难度与成本大大增加，同时金融集团庞大复杂的组织机构

不能适应灵活多变的市场化机制，使企业内部管理与交易成本增加，所以，这个阶段还是需要金融企业的集群发展来降低管理成本与市场交易成本。传统的组织模式一般更加注重金融内部组织结构设计，希望从内部组织设计以培养金融机构的竞争能力，而现代金融集聚则更加重视区域内企业通过专业化分工实现高效率、低成本的市场运营，重视在市场竞争中实现优势互补从而提高金融企业竞争力，金融集聚作为一个企业中介网络组织形式能通过金融企业集聚的空间效应，产生外部规模效应和范围经济效应，通过降低交易成本实现整个区域内金融体系的运行效率。

根据集群理论的一般发展规律，金融业的发展演变包括形成、发展和成熟三个阶段，在这个过程中，随着区域经济一体化的发展，金融产业在整个经济体系中逐渐发展成核心产业，对经济发展能产生主导作用。在金融产业发展的初级阶段，金融业增长是在产业集聚发展推动下发生的。工业化过程中由于企业资源配置的要求，金融机构为企业提供金融支持和服务，在这个阶段，传统的金融业已逐渐发展成为经济社会中重要的组成部分。然而，由于金融机构自身增长能力的限制，金融业职能只能算作一个服务中介或者说工具，在整个产业结构中只占到很小的一部分，这个阶段的金融业和金融功能都处于相对较低的水平，应该说这个阶段的金融业在经济体系中仍处于附属地位。

随着社会经济和产业结构的进一步发展，金融业发展进入一个比较成熟的发展阶段，在整个区域经济中占的比重越来越大，成为推动经济社会发展的主要力量，对推动区域主导产业形成与新产业进入起到了至关重要的作用。这个阶段的金融业对经济发展起到了强大的支持作用，这时金融业的数量和质量成为影响整个区域经济发展布局的一个重要因素，金融业发展成为经济社会中重要的主导行业，金融业对区域经济发展起到强大的推动作用。金融产业依靠其巨大的“极化效应”吸引大规模的资金等金融资源进入该区域，表现出金融资源的独立运动的地域特征。这一阶段，在时间和空间上的金融资源实现规模经济，通过资源整合最终发展成金融企业集聚，金融业成为整个经济活动的主导，成为“撬动经济的杠杆”。

四、金融集聚的条件分析

（一）政府的政策支持

金融集群的形成无论是市场机制产生还是由政府政策推动，都不能缺少政府的政策支持。区域性的大型项目大部分都是依靠政府主导的规划和投资建设，政府主导的产业集群方式能有效降低整个项目的运营成本，提高企业之间的合作关系，通过政府支持进行的重点项目投资，能在短期内形成产业区并有可能形成产业集群。虽然在金融业发展初期形成的金融集聚是自发的经济行为，但政府必须在此基础上进行合理的整体规划，制定完善的引导产业政策，建立合理的市场监管体制，并提供有力的基础设施、教育、科技等方面的资金政策支持，这样才能促进金融业实现迅速有序的集聚发展。特别是处于经济体制转型时期的国家，各级政府的支持对金融集群的形成具有决定性的促进作用。

虽然金融集聚的形成主要是经济和金融自然发展过程的结果，但政府的监管制度和政府的政策支持对其发展将产生重大影响。一个金融集聚区域形成的初级阶段需要政府提供具有竞争力的扶植政策和宽松的发展环境，才能刺激金融机构做出进入该区域的决定，从而加快自然聚集的金融中心形成过程。不同区域或者城市具有各自的吸引力和优势，比如高质量的金融从业人员和良好的基础设施、科学合理的金融机构和金融服务、科学的监管体制以及金融市场规模优势。当地政府财政应该尽量减少金融机构的投资成本，提供优质的通信和其他基础设施服务，改善监管环境，提供低税政策，提高金融从业者的生活质量，以改善人力资源的质量结构，因为只有留住人才才能促进金融业的可持续发展，这些政策支持都是影响金融企业选择进驻该区域的重要因素。

（二）稳定的政治经济环境基础

政治稳定很大程度上能影响该国的货币币值的稳定、投资者信心、商业繁荣、金融机构选址定位、经济发展水平以及其他很多方面。无论是从发展的需求或是历史经验的角度看，只有这个国家和地区的政治稳定，才能保证投资者对该国（地区）的投资信心，才能保证资本自由、安全、高效地在各层次顺畅流动。如果一个国家的政治环境不稳定，肯定会影响整个区域的经济运行。

只有一个地区经济稳定发展，才能确保金融中心稳定的资金流动和资金交易需求。金融中心大都产生在经济中心，从金融中心到经济中心的形成过程可以看出，一个地区经济的快速发展是区域金融中心形成的重要保障，金融集聚的形成是经济中心发展的必然结果。经济中心一般都是该区域经济比较发达的城市，随着商品生产和商品交换逐渐兴盛发展，当商品生产和商品流通的发展形成向某一特定城市集聚时，商品的生产和流通环节就会产生大量的货币资金需求，这就产生了对相关金融服务的强大需求，同时从实体经济领域流出的大量货币资金需要一个强大的投资平台，这种金融需求与供给的双方需求促进了区域金融中心的形成。

实体经济是为物质产品的生产与销售提供相关服务的经济活动，随着社会生产力的不断提高与资源的开发利用，各种生产企业的生产供应能力得到了增强，产品的多样化发展促进了商业的迅速发展。随着国际贸易与国内贸易的增长，区域间和国际间的资金流动迅速增加，整个经济体系开始运动起来。可以说，随着

实体经济的发展，不论个人、企业或国家对资金、金融产品及相关金融服务的需求都迅速上升，人们希望将自己闲置的资金放在银行获取利益收益、购买债券或直接将资金投资于实体经济。实体经济中的企业可以通过直接融资或者间接融资等方式为其发展取得更加强大的资金支持，这需要通过金融企业这个中介机构才能实现。同时，国家可以通过合理的财政政策、货币政策等宏观调控手段，引导金融资源在区域间的合理配置，促进社会经济持续健康发展。所以，随着实体经济的迅速发展，金融业不再是经济体系中的附属产业，金融业逐渐发挥着越来越重要的经济主导作用。工业制造业等实体经济是金融业发展的基础，商业是金融业发展的载体，随着金融业发展规模与范围的扩大，区域经济对金融需求达到一定规模时，金融集聚运动就开始产生了。

（三）完善的基础设施

城市的基础设施主要包括写字楼、交通、电信、教育等方面的建设。除了经济发展条件，国内外金融机构和金融人才在决策是否进入该区域时还要考虑这个城市是否拥有发达、完善的基础设施。发达的通信基础设施和交通设施是金融中心发展的基础，具备收集、交流、挖掘和解释金融经济信息的能力是金融中心的重要特征，其能力的大小在很大程度上依赖于中心城市基础设施的发达水平。基础设施建设主要包括通信基础设施与交通基础设施。首先是要保证良好的通信，比如地下电缆、光缆设施，国际互联网设施，航空联系和卫星通信等设施，先进的通信设施能确保金融信息快速传达与返回以及信息的迅速收集，争取尽快分析和研究金融信息以抢占优先位置，促进金融活动的高效运行；另外是交通，最重要的就是对外交通港口，如港口设施、铁路、公路设施等。随着计算机信息技术的迅速发展，大量的金融交易可以通过网络快速完成，发达的网络通信设施使得金融机构之间、金融机构与企业之间、不同地区的金融中心之间的联系更加密切，信息的传送与反馈更加灵敏，便捷的交通使金融从业人员、货物快速到达目的地，有利于外国金融机构和金融人才选择进入并常驻，拥有便利的交通条件有利于本地商业贸易中心的形成，从而衍生出旺盛的金融交易需求。同时，足够的商业空间和住宅、健全的医疗制度和高质量的教育能解决企业和员工的后顾之忧。

（四）地理区位条件

金融机构在设立的时候就进行了选址决策，一个地区如果具备天然的地理区位优势，将大大推动金融集聚的产生。一般来说，金融企业的选址条件比较苛刻，一般都设在金融供给与需求都比较高的地区，可以说需求的因素更加重要。从世界金融中心分布特征看，金融中心的位置往往设在贸易中心，由于它具备独特的地理位置优势，有利于各种商业活动的扩大，这样容易产生金融衍生产品，比如外贸货币结算、保险、投融资需求，这些需求会吸引金融机构为其提供服务从而促进金融集聚产生。

（五）人力资源基础

优秀的金融人才是金融服务业的核心资源，人才优势是金融机构的核心竞争力与持续发展能力，金融机构通常需要很多金融专业人士，而且需要多方面复合人才，比如经验丰富的处理非常规事务的决策型人才，管理决策、市场营销、产品设计、公共关系事物的人才，证券买卖及相关其他人员，处理日常事务的人员，数据处理、计算机应用与信息管理的技术人员。如果一个地区能为金融机构提供各种优质金融人才，那么金融机构就愿意将总部或者分公司定在该地区，所以说人才对金融机构的吸引力是巨大的，而且金融机构一般吸引的都是高学历的金融人才，因为其专业性比较强，所以操纵性人才需求也比较大。从大学毕业生就业的比例看，金融业总体水平比率要高得多，金融中心城市金融业中的大学生比率又比其他城市的一般水平要高得多。

第二节　金融集聚对区域经济发展的机理影响

金融是现代经济的核心产业。合理配置金融资源，构建产融结合的金融体系能促进区域金融发展，推动区域实体经济增长。党的十八大报告中明确提出："深化金融体制改革，健全促进宏观经济稳定、支持实体经济发展的现代金融体系。"之后，各省市加快了建设金融服务基地和打造金融集群地带的步伐，对金融结构进行优化升级，旨在通过发展金融带动区域实体经济增长。在金融发展促进实体经济增长的浪潮中，厘清金融集聚与区域实体经济增长之间的关系，剖析金融集聚对不同区域实体经济增长的差距效应具有重要的理论和现实意义。

金融是经济发展的第一推动力。区域金融集聚一旦形成，可以通过资金融通和资本运作来实现资源在区域范围的优化配置，并持续带来集聚中心与周边城市投资、交易的增长效应以及对产业发展的支持效应，创造大量的就业机会和政府财政收入，强化区域内各城市的地位和功能。金融集聚和区域经济发展之间存在相互促进、相互影响的关系。当经济发展到一定程度时，金融资源和金融机构为了追求更高的经济效益和丰厚的利润，会向该地区集中，从而形成金融产业集聚，在此基础上，丰富的金融资源、健全的金融机构和完善的金融市场又为当地经济发展提供充足的资金和优质的金融服务，有效推动经济发展，从而形成经济发展—金融集聚—经济发展的良性循环。

一、金融集聚的经济性质分析

金融集聚是指在金融市场发展过程中，金融产业的参与者包括银行、监管部门、中介机构，依据市场经济准则在特定地理空间范围内形成的相互联系，从而产生该地区无论是金融机构密集程度还是金融机构的种类都普遍高于平均水平的现象。由于金融活动在经济社会运行中的特殊地位，金融企业集群的内容也远远复杂于一般的产业集群，其中不仅包括存在明显竞争与合作关系的各类金融机构、财会、法律和征信等社会中介机构，各类与金融机构存在紧密资源能量交互的客户，金融服务必需的硬件设施和诸如制度、法律法规等软件内容，甚至当地的金融文化等，都可能成为金融企业集群的内容之一。金融集群发展并不是金融产业独自发展的结果，尤其在金融企业集群发展的初级阶段，更多的是伴随其他产业的集群化发展而逐渐显现的。简单地说，金融企业集群是金融资源与特定地理条件协调、配置、组合的时空动态变化，是金融产业成长与发展，进而在一定地理空间生成金融地域密集系统的变化过程及结果。金融企业集群首先是一个动态过程，某个地区如何形成这样一种集聚力，金融资源流向该地区的动因是什么，从初步集聚到快速，再到最终的扩散效应的出现。换一个角度，金融企业集群又是一个静态的结果。金融企业集群是经过上述过程后，在金融市场、金融机构、金融产品、金融人才等金融资源上达到一定的规模和密集度。

随着金融服务业的迅速发展和竞争的加剧，金融产品出现了多样化的特征和趋势。首先，金融产品形式上出现了多元化。随着金融市场的逐步完善和人们投资意识的提高，大量的金融衍生产品正在被创造。这些金融衍生产品的出现既是市场需求的结果，又是各金融机构不断合作、创新的结果。其次，金融产品的需求日益多样性。由于金融产品和货币资金直接联系，而交易的频繁性要求一笔资金在不同时间以不同的金融产品存在，客观上对金融机构能够提供“一站式”的金融服务提出了要求。区域金融企业在自身利润最大化和内外竞争压力的推动下，有动机通过同一种金融产品构成不同的业务，实现金融服务的跨线提供，进而获得更多的额外收益。金融产品复合性特征的强化，得益于金融商品、市场化的急剧扩张以及现代信息网络技术的飞速发展，同时对金融企业提供产品的能力提出了更高的要求，金融产业集群从根本上说是复合性金融产品趋势强化的根本要求。

金融集聚超强的竞争力来源于金融集聚特质形成的集聚与扩散效益，金融企业集群为地区金融业的发展提供了一种新的产业组织形式，这种组织克服了单个企业规模扩张而产生的内部成本过大、监管不力等问题。金融企业集群能够实现企业的外部规模经济，从而降低交易成本。集群内部企业之间的便利联系又可以消除信息不对称因素，有利于企业间密切合作。集群企业的空间集聚性，使得知识、先进技术及创新成果可以在集群内加速扩散，而这种相互学习和借鉴本身也加快了企业产品、技术等的创新。

二、金融集聚与区域经济差异化发展

金融发展水平不仅与经济发展之间存在很强的互动关系，而且还是未来经济增长的一个预测指标。金融是现代经济的核心，金融支持力的差异是区域增长差异的重要原因，金融水平的差异在很大程度上能影响一个国家的经济增长。一般来说，拥有先进的金融体系的国家（地区）要比金融落后国家的经济发展水平高。区域金融是市场经济条件下资金向效率高的地区或部门集聚，并在空间上出现金融资源相对集中的一种客观现象。因为金融集聚不但会深刻影响一国或地区的经济增长的速度、总量，而且还会影响其经济增长的方向、质量。在市场经济环境下，市场机制引导金融资源向效率高的地区或部门流动，加剧了区域金融差异化发展趋势的形成。从动态角度分析，区域金融是在一定空间范围内的金融业运行的总称。从静态角度看，区域金融是指一个国家金融机构与资源在空间上的分布状态，表现出特定的层次结构与地区分布结构，这些金融机构差异与关联的金融区域构成了一国的金融体系。

在现代市场经济中，生产要素的增加、产业结构升级、技术创新三个因素的变化与该国的金融体系密切相关。快速的经济增长往往伴随着资本积累的迅速增长，在经济结构优化升级的过程中，金融资源开始向高效率的部门和地区转移，科学技术作为经济增长的重要影响因素，同样也需要金融业为其提供全过程的资金支持，才能实现其整个经济结构的技术进步，因此高效率及健全的金融体系是经济发展的重要基础保障。一个国家的经济增长离不开金融的支持，区域经济发展需要一个合理科学的区域金融支持系统。区域金融对区域经济的作用通过提高投资的边际收益率、提高储蓄和投资总水平与有效配置资金等途径实现。在现代经济体系中，金融系统能够收集个人或者企业分散的储蓄，然后通过金融机构合理配置贷款给那些需要资金的部门或企业，金融机构能为企业或者个人提供多样化的服务，收集和传递信息，转移和控制金融风险，提高金融资源流动性，以实现从供应方转向需求方的资金流向。运转良好的金融系统可以保持和促进经济的长期稳定发展；反之，金融体系运行不好很可能导致经济衰退甚至崩溃。通常来说，区域经济增长很大程度上依靠区域的企业、政府及居民的不断努力来达到目标，一个区域只有具有了经济发展的内在驱动力，才能实现区域经济的发展，这种能力也可以称之为区域自身增长能力，也就是区域经济能通过资本自我积累而促进区域总量经济增长，通过自身产业结构的不断演化而实现经济结构的升级。

区域自身增长能力是一个区域经济增长的支持力，对促进区域经济发展来说，拥有高效率的区域金融体系显得至关重要。中国的区域经济发展过程中地区分化现象明显，西部地区和沿海的大中城市之间在国内生产总值、人均收入或社会发展等方面都还存在比较大的差距，形成这一差距的原因，除了地区之间要素禀赋差别以外，另外一个重要因素就是金融发展和地区间的金融效率非常不均衡。

一般来说，金融业对经济高速发展地区的作用更加明显。在发达国家，金融业呈现区域化发展的趋势越来越明显，这是一种十分普遍的社会经济现象。而且在发展中国家也出现了这种经济现象，由于供应和需求在空间分布上不均衡的金融资源，金融活动往往具有区域不均衡发展的特点。在过去的几十年中，区域经济理论研究的重点集中在各区域间的物质资源配置方式和效率，对区域间的资金配置并没有给予足够的重视。事实上，随着现代市场经济的发展，价值流引导物流配置是经济和社会发展的一个必然趋势，这使得区域经济和金融之间的关系更加紧密。目前，金融区域化发展呈现出以下特征：

（一）空间性

区域金融表现为一个相对完整的地理单元，金融是体现方式，地域特征是其空间表现形式。由于自然条件、社会经济条件和技术条件等方面的地域差异，经济地域运动呈现出明显的区域间不均衡性。金融作为区域经济发展的重要推动力，不仅要直接反映经济的区域性特征，而且经济发展的区域性很大程度上要依靠于区域金融支持才能达到。金融集聚的空间性表现形式会随着外部条件的变化而发生变化，区域金融研究最基本的特征就是要把金融运行和发展置于一定的时空范畴内研究。

（二）层次性

区域金融理论的研究主要从空间角度研究金融机构的发展。区域金融差异主要表现在区域金融结构差异与发展水平不均衡，其中金融结构是从质的方面反映区域金融差异问题，包括金融机构、融资方式、金融工具、融资机制和金融行为的不同特点；金融发展水平则从量的角度反映区域金融差异性，包括金融资源与金融交易质量与数量，以及一个国家货币化和金融自由化程度。不同经济区域的发展水平决定区域金融结构和发展水平的层次不同。金融在区域经济发展中不仅具有区域资本形成的特殊的集聚功能，而且其能通过金融资源的配置功能实现产业结构调整。不同经济区域发展水平的差异在客观上为区域金融功能的发挥打下了不同的发展基础。

（三）集聚与扩散性

在一个金融区域内，金融中心的集聚与扩散作用是同步进行的，也是相辅相成的，但在金融发展前期通常以发挥集聚作用为主，因为只有金融集聚区具备了一定的资金，才有能力通过资源辐射实现其扩散作用，所以集聚是扩散的前提，只有具备了集聚能力，金融中心的渗透和带动作用才能明显加强。金融中心的吸引与辐射功能是引起金融资源空间流动和区域金融结构变动的重要力量，在区域金融形成发展过程中，金融中心具有核心作用。金融中心集聚与扩散功能的大小是决定该金融区域吸引范围和层次地位差异的重要因素。发挥金融中心核心作用主要是通过加强中心城市的集聚作用和扩散作用实现，集聚作用主要是加强中心城市的金融实力与凝聚力和对周围区域的渗透力和带动力，扩散作用能通过辐射作用使整个区域金融结构与发展水平不断提高。

（四）环境差异性

金融在现代经济发展中发挥着越来越重要的作用，在一定条件下，金融很大程度上能影响经济的发展水平，同时区域经济社会对区域金融的发展也有很大的促进作用，而且存在双向的影响。不同经济环境催生不同格局的金融中心产生，是构成区域金融不同特点的基础。经济社会环境也分为硬环境和软环境。硬环境主要指区域经济条件，包括区域经济规模、区域经济结构、区域内产业部门的发展水平、区域经济货币化与金融深度、区域经济运行效率、区域通信条件、交通条件等；软环境主要包括区域金融创新环境以及区域的市场化进程以及地域文化差异。

三、金融集聚影响区域经济增长的机制分析

根据传统经济增长模型，在劳动力水平保持不变的情况下，经济增长取决于资本积累与技术进步。金融通过提高资本积累，助推技术创新，以此拉动区域经济快速增长。具体机制如图 2－1 所示。

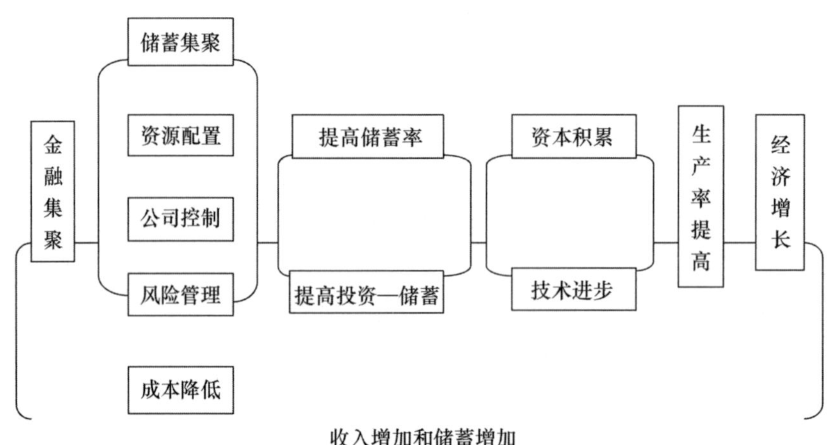

图 2－1　金融集聚与区域经济发展的互动机制

金融机构通过组建一个高度流动的资本市场，分担了储蓄者面对的流动性风险，机构专业化的服务，又使交易成本持续降低，加速储蓄向投资的转化，并投向高收益项目及技术研发，优化了资源配置，促进了技术进步，提高了生产效率，最终拉动经济增长。与此同时，高回报带来高利率，高增长有助于提高收入，促进用于投资的储蓄积累，建立有利于经济持续发展的良性循环。

在分析金融通过提高投资—储蓄率、优化资源配置等方式促进区域经济增长的同时，可以引入外部规模经济效益、金融扩散效应、金融外溢效应、提高金融资源使用效率、技术创新和自我强化机制效益等理论方法，解释金融集聚与区域经济增长的相互影响关系。

（一）实现外部规模经济效益

区域金融结构的合理程度会直接影响整个区域金融资源配置的效率。金融发展过程中，受到各方面市场因素的推动，金融资源和金融机构会向某些特定的具有相对经济优势的中心城市集中，各金融机构围绕快速增长的中心分布，并在此形成了区域性金融中心。作为一个区域性的金融增长极，随着这些金融中心的发展，极化效应使原有金融组织得到迅速发展，实现外部规模效应，金融中心在生产、商品流通、资金流动等方面都会产生极化效应，由此带动整个区域的集聚效应产生，促进整个区域经济增长，区域金融正随着这种金融中心的建立而形成。

金融集聚的外部规模经济效益通过节约周转资金余额，提供融资和投资便利、提高市场流动性，降低融资成本和投资风险、金融机构共享辅助性产业等方式得以产生。以金融机构共享辅助性产业为例，当大量金融机构集中在较小空间时，商业银行与证券公司之间，商业银行与保险公司之间，证券公司与保险公司之间都可开拓出众多的跨专业业务合作关系。随着大批金融机构的集中和发展，为金融机构服务的相关辅助性产业或社会中介服务业也将得到迅速的发展。律师、会计、投资咨询、信用评估、资产评估和金融专业技术培训等机构都将得到发展并提供高质量的服务。

金融企业集群最突出的优势是有利于实现金融发展的规模经济，降低金融机构的运行成本，这主要体现在外部规模经济效应和金融企业集群的成本优势。从外部规模经济效应方面看，外部的规模经济，不是单个金融机构在产品、分支机构和企业总体上规模经济的实现，而是各个微观经济单位在空间上彼此接近时所产生的规模效益。用外部经济和行业内部而非个别厂商的规模经济效应可以解释产业集群的企业集聚现象，许多性质相似的小型企业集中在特定的地方比单个孤立的厂商更有效率。通过集聚的形式可以获得外部性规模效应来替代本身可能存在的内部规模不经济。通常，金融市场的规模越大，各种金融工具的流动性越高。竞争产业的地理集中可以磁铁般地吸引人才和其他生产要素，甚至从不景气的产业中吸收工人。金融企业集群产生的外部规模经济可以使金融及其附属产业受益，从而促进金融业的发展并聚集，同时该地区的发展也会吸引其他产业的加入，如图2－2所示。

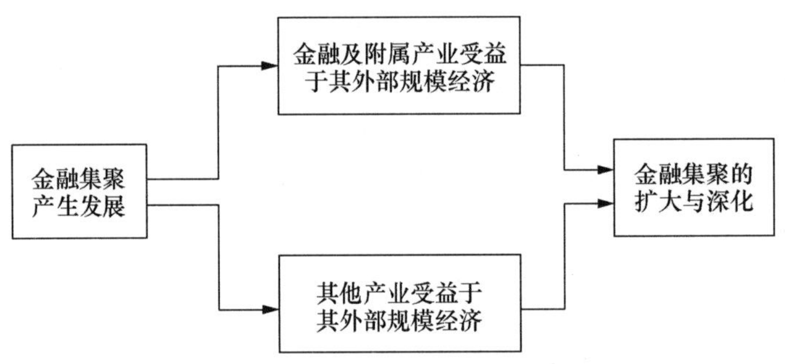

图2－2　金融集聚与外部规模经济关系

从成本方面考虑，金融企业集群具有明显的成本优势。这是因为，金融企业在同一地域内相互邻近，同时处于生产链的某一个环节而分工不同，从而降低了成本，如交通费用、交易成本等。企业集群加强了企业间信息的流动并增强了企业间的相互信任，进而使得企业之间签订专业化上下游产业链条之间的合约变得容易；共同的交易市场与采购中心降低了原材料成本与销售成本；由于集群企业的邻近，使信息的搜寻与获得更加迅速，从而降低信息成本；由企业的集聚带来劳动力的集聚，从而减少劳动力的搜寻成本。同时，对于客户来说，集群内的企业易于找到，在决策时可以有多种选择，降低了其买到需要的产品或服务所付出的搜寻成本。当然，集群企业能够利用消费者对集群整体的信任增强客户对企业产品的认可，这也降低了企业开拓市场的成本。

（二）金融扩散效应

金融中心存在集聚效应的同时还存在扩散效应，不过在金融集聚区发展的不同阶段，集聚和扩散作用的效果是不同的。在金融中心城市成长初期阶段，其功能应该以集聚为主，主要指依靠其集聚能力吸收尽量多的资金，才有能力去辐射周边地区。在金融集聚发展到高级阶段，金融中心城市的扩散作用才能得到更大的体现，金融中心在扩散的过程中不断得到发展，更重要的是金融中心城市通过扩散效应，在与其他城市的相互联系、相互作用中，带动了整个区域的经济发展。

金融中心可向周围地区输出大量资本，满足其经济发展以及产业升级对资金的强大需求，同时为周围地区发展提供金融服务，因为周边地区不可能具备太完善的金融辅助产业，比如信息、法律、中介、咨询等机构。

（三）金融外溢效应

处于不同发展阶段和具有不同竞争实力的金融机构在同一地理位置上的密集设置，会带来信息和知识、技术等要素的外溢，使金融企业集群具有典型的信息外溢和知识、技术学习效应。从信息外溢角度看，无论是特殊的金融业，还是一般的企业，在企业集群发展过程中，信息外溢现象是非常明显的。地理位置的接近有利于掌握更加丰富的金融信息，金融中介（信息提供商）的参与，使银行与借贷经营的企业家之间信息交流充分，从而提高了整个价值链的利润。而金融机构可根据群内企业的需求，提供多样化的金融产品，更好地满足企业的发展需要，同时也拓展了金融机构的盈利空间。对于支付手段复杂而且信息灵敏度高的股票和金融衍生工具来说，投资者和经纪商在地理位置上的接近有利于掌握更加丰富的金融信息。在信息外溢的同时，处于同一产业集群中的企业之间会相互学习对方的优势，从而使集群具有突出的知识、技术学习效应。知识、技术的外溢效应随空间距离的扩大而下降，集群所带来的知识、技术溢出，有利于集群内经验共享、提高技术创新能力和生产率。

金融资源，主要包括资本、金融机构、金融人力资源、金融信息、金融产品等构成金融业发展的各种要素。金融资源除了增量部分，如创新的产品、新出现的金融机构、资本在循环基础上的扩大等，各种存量资源始终处于持续的流动过程中。从流向看，金融资源的活动呈现集聚与扩散两种方向。金融资源的集聚与扩散是对立统一的过程。“对立”主要表现为它们是两种相反方向的资源流动；“统一”主要表现为在产业升级的情况下，金融资源由集聚区域向周边地区扩散，而低端的资源被“边缘化”并溢出到周边区域，这反过来在一定程度上可加强集聚中心区对高端资源的吸引力。金融资源集聚、扩散往往是同时进行的，但两个方向上流动的要素的禀赋却是不同的。一般来说，集聚性资源大多是优质、高端、具有成长潜力和竞争力的产业前沿的要素，而扩散性的资源往往是一些处于成熟期向衰退期转化过程中的要素，表现为资源的“溢出”。金融资源集聚、扩散的结果通常就形成了核心区域、附属区域、边缘区域等结构。在资源不断集聚的情况下，核心区域得以不断地“填充”、扩张，有限的空间势必会在“优胜劣汰”规律作用下把竞争中处于劣势的资源推向周边区域。但这些资源又常常需要依靠核心区域的优势资源而存在，因此有些处于产业下游的资源（如配套服务机构）等可能在离核心区域较近的附属区域集聚，而另外一些低端、缺乏竞争力的资源转向外围的边缘区域。在这个扩散过程的同时，各区域中的一些优势资源也同时存在向核心集聚的过程。这三个紧密相连的区域实际上构成了金融中心的一般形态。

（四）提高金融资源使用效率

金融集聚能使闲置的资金找到投资平台，同时通过金融机构整合把优质金融资源配置到需要金融支持的区域或企业。在高效的金融体系中，能有效降低金融交易成本，节约周转资金余额，提高金融资源流动性，使金融资源向着收益高的部门流动，如果高附加值、高利润率的产业取得了资金资源，就有可能促进产业结构的调整升级，从而提升整个区域的经济发展水平。集群中，企业数量众多，同行业相互比较，有了价格、质量和产品差异化程度评价标尺，为企业带来了很大的竞争压力。绩效好的企业能够从中获得成功的荣誉，而绩效差的企业会因此感受到压力，激励和压力并存。竞争会刺激企业降低生产成本，同时还促使企业提高质量和追求产品差异化。金融集聚将带来企业跨地区支付效率和金融资源跨地区配置效率的提高。

（五）促进技术创新

创新是经济增长的基本源泉，而现阶段的创新活动主要以相关产业的企业在地理上的集聚为特征，集群就是形成这种地区之间增长与创新活动差异的一种重要组织形式。在产业聚群的地方工作，创业者更容易发现产品或服务的缺口，受到启发建立新的企业。

首先，金融集聚创造的集聚环境对知识、技术的传播和扩散是非常有利的。由于交通通信和计算机网络技术的发展，虽然编码化知识在世界范围内能迅速地流动，但金融信息绝大部分隐含经验类知识，这种知识私人属性较强，一般难以用语言表达，也难以用编码化的知识传播与扩散，大量金融未编码知识的存在丰富了区域知识库，而且金融集聚区拥有大量高质量的金融人才、技术人才和技术信息，具有丰富的创新资源，使区域内的技术创新速度更高。集群对创新的贡献还在于同行业之间的非正式交流。由于集群内企业的地理接近性和其具有相似企业文化，使这些企业的员工能通过不同公司员工之间面对面的接触、工作之余的聊天等非正式的方式，以实现稳定有效的信息交流，使不同的思想在交流中相互碰撞而产生新的火花，从而促进企业内部和外部的非编码信息的有效扩散，这些非正式交流常常有利于提高区域内企业技术创新效率。其实，在金融集聚中，一些至关重要的金融信息很多时候是通过非正式渠道传播的，这种形式的信息传播效率有时候大于正式渠道。

其次，金融集群内不仅存在大量有创新压力的金融企业和研究机构，还存在稳定的促进技术交流和进步的共生机制，产业集群为企业和各种金融机构的技术创新提供了一种合作可能，为创新活动提供了局部企业和集群企业两方面的优势。集群创新与单个企业创新不同，集群创新不仅是由单个企业创新组成，其很大程度上取决于整个产业集群的共生机制，取决于信息在集群内部组织之间的分配与传播，取决于完成创新并产生经济价值的整个体系，取决于对基础知识的依赖和利用程度。金融机构的集群拓展了比较广阔的客户群，核心技术与知识扩散速度加快，有利于产品的创新。

最后，消费者是创新思想的最好来源，企业可以通过与关键消费者在地理上的靠近并向其出售产品和提供服务获得信息，启发创新思想。空间上的集聚有利于制造商与采购商之间达到自由的信息交流与资源共享，企业之所以要创新是因为采购商对产品提出了新的要求，所以制造商才能让这种需求信息迅速传达到制造商那里。个体之间的竞争是远远小于集群内部的竞争的，淘汰机制在集群内部得到了充分的体现，集群内的创新压力是巨大的，所以企业设法通过持续不断的创新来获得竞争优势是一种绝对压力，包括区域内外的竞争压力和企业间对比压力，但一般激励与压力是共存的，这样才能使得企业迫于压力不断去创新产品，满足消费者更高的要求，所以说地理上的集中能给予企业很大的激励去进行改革。地理上的金融集中必然会带来竞争，同时竞争也促进了技术创新。

(六) 自我强化机制效益

随着区域扩大和集聚程度的提高，规模效益和范围效益更加显著，外部效益增强，使更多的企业受惠。区域网络规模也随着集聚程度的提高而增加，在网络效益的作用下，集聚区内专业化分工程度提高，企业间的交易联系更加密切。区域金融规模扩大，相关企业增多，企业间的技术交流和合作必然增加。而且，随着区域集聚增强、人员增加、共同的职业背景、兴趣爱好和频繁的交易往来和技术合作进一步密切了人们的社会关系，网络效益也不断增强。创新与金融集聚是相辅相成的，金融高度集聚后，主要的金融创新中心也相应地转移到集聚区，提高了区域的竞争力，促使区域更强大。不断的创新丰富了集聚区的知识库，提高了区域创新能力。金融集聚区还可以有效地降低创业风险，提高创新带来的经济回报，使创新系统更有效。因此，外部效益、网络效益、创新效益、技术进步效益都有自我强化的作用。

综上，通过对金融集聚与区域经济发展的分析发现，金融集聚对经济发展具有正向效应。金融集聚通过积累资本、扶持创新，提高资源配置效率、扩充产业发展资本、拓展投资发展渠道等方式，进而促进经济增长，推进产业升级。金融企业集群作为一种金融业发展的有效模式，应与区域经济的发展水平、金融资源的营运效率相配称，只有这样，才能实现金融活动的经济效应，包括规模经济效应、知识技术学习效应、信息外溢效应及提高资源配置效率，促进金融创新等。在金融企业集群发展的路径选择上，不管市场主导型还是政府推动型，政府在其中的作用都不可忽视。就我国目前看，由于金融市场并不完善，我国金融企业集群的发展可以考虑采用政府推动模式，明确各区域或地区金融企业集群的发展方向和目标。此外，金融企业集群作为金融中心形成的微观基础，在发展过程中应逐步向集群发展的高级阶段过渡，发挥其辐射作用，从而带动整个地区以及周边经济的发展。

第三节　金融集聚对互联网金融产业发展的机理影响

一、互联网金融集聚区及集聚效应

在互联网金融蓬勃发展的背景下，各地方政府也积极行动力求在互联网金融竞争格局中占据制高点。如北京、深圳、上海、杭州、广州等地出台了扶持互联网金融创新发展的综合政策措施，天津、成都、南京、长沙等地也推出了专项扶持政策，加快发展互联网金融的区域竞争态势愈加明显。而互联网金融在北京、上海、深圳发展最为迅猛，这得益于其互联网和金融产业优势、产业链支撑和政府强力支持，而其中最重要的经验即是发展互联网金融集聚区，例如北京建设中关村互联网中心、上海打造互联网金融产业基地、深圳主推互联网金融产业园区都卓有成效。

互联网金融集聚区即互联网金融企业、金融机构等主要从事互联网金融业务的实体及相关基础或中介服务机构根据自身发展要求，结合区位选择集聚在城市空间特定区位的组织形态，是产业集聚区中基于金融高端服务业的一种新类型。

建设互联网金融集聚区具有三方面的集聚效应：

一是规模效益。互联网金融相关主体的集聚，有助于提升互联网金融业务协作效率，获得稳定的高品质的但相对低价的中介服务和配套服务，能够有效共享互联网和金融基础设施，及时获取政府的政策资源支持，并节约相关信息流、物流、资金流的成本。

二是创新效益。互联网金融相关主体的集聚可以加强企业之间和人才之间的交流沟通，能够促使新理念、新技术、新模式得到迅速传播，知识技术外溢性带来的创新对于互联网金融的发展至关重要。

三是竞争效益。在互联网金融集聚区，同类型的机构和业务的竞争会加剧，竞争会给互联网金融相关主体带来压力和动力，迫使其提升技术和服务水平，从而形成更强的竞争优势，进入这一行业的前沿。

二、金融集聚对互联网金融产业发展的机理影响

金融集聚是通过金融资源与地域条件协调、配置、组合的时空动态变化促使

金融产业成长与发展，进而在一定地域空间生成金融地域密集系统的变化过程。金融机构的空间集中对金融企业本身以及整个金融业效率提升会产生促进作用。

由于互联网金融刚刚兴起，生长无序，因此互联网金融企业集群的发展主要靠政府推动，由政府明确各区域或地区金融企业集群的发展方向和目标。待发展成熟后，再由市场主导。作为理性的经济主体，基于一定的经营原则并且服务于利润最大化目标，互联网金融企业会主动选择集中于金融产业集聚区开展业务经营。集群发展会改变互联网金融企业的组织机构、经营成本、客户关系等，从而对其经营行为产生影响，在不同程度上促进其运营效率的提高，并最终带动整个行业效率的提高。互联网金融企业集群的实质是从空间上提高金融效率的过程，通过其特有的经济效应改变金融市场、金融机构、专业人才、金融服务等因素，推动互联网金融产业的进一步发展。

金融集聚的集聚效应能够促进互联网金融企业集聚，达到经济上的集聚效应。金融集聚地能够吸引大量的互联网金融企业进入，形成互联网金融企业集聚。互联网金融企业集聚，不仅可以形成金融企业之间的业务合作、信息共享，促进互联网金融行业向前发展，而且潜在的竞争压力会使各互联网金融企业增强创新能力、提高互联网金融服务的专业化程度。

（一）金融集聚会通过互联网金融企业的竞争与合作达到创新

金融集聚，一方面，互联网金融企业的竞争压力及潜在竞争压力能使各个互联网金融企业更新市场观念、增强创新能力、提高经营管理水平；另一方面，可以拓宽互联网金融企业之间的合作途径，增强合作深度，互联网金融信息、技术可以在互联网金融企业之间迅速传播，从而形成信息和知识技术的溢出效应，推进互联网金融行业进一步向前发展。

金融集聚促进互联网金融企业的创新，其中最重要的是由于竞争。金融集聚过程中，互联网金融企业面对有限的客户和市场容量，为了获得更大的发展并在竞争中获胜，必须能适应客户多样化的金融需求，不断推出适用的金融产品，促进互联网金融企业的创新。个体之间的竞争远远小于集群内部的竞争，淘汰机制在集群内部会得到充分的体现，集群内的创新压力十分巨大，所以互联网金融企业要设法通过持续不断的创新而获得竞争优势。地理上的金融集中必然会带来竞争，地理上的集中能给予互联网金融企业很大的激励去进行改革，同时竞争也促进了技术创新。互联网金融企业在金融产业集聚区进行客户争夺的强度显然会高于一般地区，并且其效果具有直接的对比性，这迫使互联网金融企业必须主动创新，主动适应客户的要求。互联网金融企业也可以从其他机构的竞争行为中获取一定的信息和灵感，成为其创新的起点。

地理上的集中也为互联网金融企业之间的合作提供了可能，这种合作会促进互联网金融企业的发展。当众多互联网金融企业集聚于有限的空间时，合作也将成为必然，可以是同类型金融机构之间的合作，也可以是不同类型金融机构之间的合作。在提供差别化金融服务的过程中，不同互联网金融企业之间可以形成丰富的关于客户的信息，这些信息分别从不同的角度揭示客户的特征，若能共享，对于互联网金融企业在后续服务中的风险管理有很重要的作用，尤其是对于道德风险的管理，可以减少搜寻的成本并能保证信息的质量。地理位置上的毗邻可以促进互联网金融企业之间的互动和信任机制的构建，有利于信息共享机制的形成。在信息外溢的同时，处于同一产业集群中的企业之间会相互学习对方的优势，从而使集群具有突出的知识技术学习效应。知识技术的外溢效应随空间距离的扩大而下降，集群所带来的知识技术溢出，有利于集群内经验共享、提高技术创新能力和生产率。互联网金融是一种高新技术产业，技术和资金是发展互联网金融的重要因素，不同企业、机构之间可以通过双方合作进行技术交流、资金互助，达到共同进步、互利共赢的目的。

（二）金融集聚可以促进金融服务专业化发展

金融集聚的集聚效应，使互联网金融企业所提供的金融服务专业化程度越来越高。在金融机构相互竞争的市场环境下，一方面，先进的技术和科技成果在集聚区内迅速地传播，从而互联网金融企业可根据客户的需求，提供多样化的金融产品，创造出满足各类客户需求的技术性强的产品，更好地满足客户的发展需要；另一方面，金融集聚改变了融资结构、贷款方式，使闲置的资金找到投资平台，同时通过互联网金融企业整合把优质金融资源配置到需要金融支持的区域或企业。在高效的金融体系中，能有效降低金融交易成本，节约周转资金余额，提高金融资源流动性，使金融资源向着收益高的部门流动，提高了金融服务的效率。专业化的金融服务使金融机构和客户均降低交易成本，进一步刺激互联网金融产业的发展。

（三）金融集聚可以提高互联网金融企业的整体抗风险能力

互联网金融行业是信息技术密集型运用行业，整个系统的安全性直接关系到系统平台资金的运行安全。相对于较成熟的传统金融行业技术规范，针对互联网金融行业的信息技术规范目前基本处于缺失状态，仅有针对第三方支付的相关规定。互联网金融平台在进行系统建设的过程中，无技术规范可依，造成了系统性风险的出现。

金融产业集聚可以提高互联网金融企业的整体抗风险能力。不同的互联网金融企业在同一集群内同台竞技，借助于高度的金融专业化分工来分享不同层面的盈利机会以及承担不同环节的金融风险，同时借助于市场化的金融整合机制来强化各自的金融功能以及风险控制能力。另外，不同的互联网金融企业在同一集群

内形成了紧密的协助关系，金融风险的传递性使得各自之间更加注重彼此的协调和互助，而且由于集群中资金流量雄厚、平台资金链周转灵活、金融工具繁多，化解非系统性金融风险和个别互联网金融企业危机的回旋余地比较大。

金融聚集加速了互联网金融市场的发展，使各个互联网企业、金融机构在某一特定地区加强联系形成业务上的分工与合作，信息与知识的共享与交流，取得经济上的集聚效应，增强了金融创新能力，提高了金融服务的专业化程度，促进互联网金融产业向前发展。

（四）金融集聚可以促进专业人才集聚

金融业本身属于知识密集型行业，而且金融产品对专业人才的知识水平要求较高。互联网自身属于技术性的行业，对从业人员的知识水平也有比较高的要求，需要比较高端的计算机方面的人才。互联网金融就是互联网与金融的有机结合，从而导致互联网金融需要更加高层次、高技术的人才。互联网金融行业进入门槛不高，但运营门槛非常高，仅专业性人才就需要懂金融、风控、互联网、软件开发、推广等。

金融集聚创造的集聚环境对知识和技术的传播和扩散是非常有利的。由于交通、通信和计算机网络技术的发展，虽然编码化知识在世界范围内都能迅速地流动，但金融信息绝大部分隐含经验类知识，这种知识私人属性较强，一般难以用语言表达，也难以用编码化的知识传播与扩散，大量金融未编码知识的存在丰富了区域知识库，而且金融集聚区拥有大量高质量的金融人才、技术人才和技术信息，具有丰富的创新资源，使区域内的技术创新速度更高。集群对创新的贡献还在于同行业之间的非正式交流。由于集群内互联网金融企业的地理接近性和其具有相似企业文化，使这些互联网金融企业的员工能通过不同公司员工之间面对面的接触、工作之余的聊天等非正式的方式，实现稳定有效的信息交流，使不同的思想在交流中相互碰撞而产生新的火花，从而促进互联网金融企业内部和外部的非编码信息的有效扩散，这些非正式交流常常有利于提高区域内互联网金融企业技术创新效率。实际上，在金融集聚中，一些至关重要的金融信息很多时候是通过非正式渠道传播的，这种形式的信息传播效率有时候大于正式渠道。

金融集聚能够为专业人才提供集中的市场，这样互联网金融企业可以从这个市场中很方便地得到理想中的人才，不仅可以降低互联网金融企业搜寻、培训专业人才的成本，而且专业人才之间的知识交流促进了技术创新，加快金融产品开发过程，提高金融产品技术水平和经营管理水平，进而推动技术进步。

能否吸纳强大的人才队伍是知识经济时代企业发展成败的决定性因素。互联网金融企业比其他行业的企业更甚。因为互联网金融企业的主要“产品”是各种金融服务，这些金融服务及其所依托的各种金融产品均具有高度的专业性，无论是其开发、推广，还是风险管理，都要求业务人员具有丰富的专业知识。金融产业集聚可以促进互联网金融企业的人才队伍建设。

（五）金融集聚促进互联网金融市场快速发展

金融集聚在某个区域内形成，就具有自我发展的能力，即“自我强化机制”，可以使金融集聚地成为适合金融产业发展的地区，从而吸引大量的金融机构，包括互联网金融企业进入，形成金融机构集聚。

金融集聚的过程是将货币资金、金融工具、金融机构等各种金融资源有机组合的过程，在这个过程中形成了完善的金融网络结构。该网络结构有利于实现资金大量集聚，使闲置的资金找到投资平台，同时通过互联网金融机构整合把优质金融资源配置到需要金融支持的区域或企业，有利于实现金融制度创新，有利于提高资源配置效率。在投资制度的指引下，在高效的金融体系中，能有效降低金融交易成本，节约周转资金余额，提高金融资源流动性，将资金从效率低的部门向效率高的部门转移，实现资源有限配置，从而建成运行良好、具备规范金融生态环境的互联网金融市场体系。

第三章　河北互联网金融产业发展现状

第一节　河北互联网金融发展概述

一、河北互联网金融的形式

（一）第三方支付

自2011年5月3日中国人民银行发放第三方支付牌照即非金融机构支付业务许可证以来，河北省拥有《支付业务许可证》的非银行支付机构3家，分别是河北一卡通电子支付服务有限公司、御嘉支付有限公司和河北北人冀通支付服务有限公司，如表3－1所示。

表3－1　河北省拥有《支付业务许可证》的非银行支付机构

序号	许可证编号	公司名称	住所
1	Z2005213000011	河北一卡通电子支付服务有限公司	石家庄
2	Z2017213000016	御嘉支付有限公司	石家庄
3	Z2020913000013	河北北人冀通支付服务有限公司	石家庄

资料来源：中国人民银行网站。

（二）P2P网络借贷平台

根据网贷之家网贷导航数据显示，截至2017年7月，河北省正常运营的P2P网络借贷平台有28家，其中石家庄24家、保定2家、廊坊1家、秦皇岛1家，如表3－2所示。

表 3-2 河北省正常运营 P2P 网络借贷平台

序号	平台名称	上线时间	注册地
1	人文贷	2014 年 1 月 23 日	石家庄
2	贷信通	2014 年 5 月 8 日	石家庄
3	融投贷	2014 年 5 月 13 日	石家庄
4	永银贷	2014 年 6 月 16 日	保定
5	易简贷	2014 年 6 月 24 日	石家庄
6	奔宝贷	2014 年 9 月 15 日	石家庄
7	轻易贷	2014 年 10 月 16 日	石家庄
8	信投在线	2014 年 10 月 20 日	石家庄
9	七彩格子	2014 年 11 月 6 日	石家庄
10	银点财富	2014 年 11 月 11 日	石家庄
11	冀金宝	2014 年 12 月 21 日	石家庄
12	新合作金融	2015 年 3 月 12 日	石家庄
13	信贷通	2015 年 4 月 9 日	石家庄
14	富创在线	2015 年 4 月 23 日	石家庄
15	钱布袋	2015 年 5 月 1 日	石家庄
16	正臣财富	2015 年 5 月 8 日	石家庄
17	好好创投	2015 年 5 月 12 日	廊坊
18	冠腾投资	2015 年 5 月 21 日	石家庄
19	富利网	2015 年 6 月 1 日	石家庄
20	一诚一贷	2015 年 6 月 1 日	保定
21	欧克普惠	2015 年 8 月 5 日	石家庄
22	淘珠网	2015 年 8 月 5 日	秦皇岛
23	鑫良财富	2015 年 9 月 1 日	石家庄
24	融信速贷	2015 年 11 月 25 日	石家庄
25	宜民贷	2015 年 12 月 7 日	石家庄
26	长汇财富	2015 年 12 月 15 日	石家庄
27	恩科 e 贷	2016 年 6 月 25 日	石家庄
28	平太金服	2016 年 11 月 1 日	石家庄

资料来源：网贷之家。

（三）众筹平台

根据众筹家平台导航数据显示，自 2014 年 7 月河北省第一家众筹平台——

合伙中国正式上线运营以来，截至2017年7月，河北省共有众筹平台16家，其中石家庄7家、保定4家、廊坊2家、衡水1家、邯郸1家、张家口1家，如表3－3所示。

表3－3　河北省众筹平台

序号	平台名称	上线时间	地点
1	合伙中国	2014年7月1日	石家庄
2	蜂巢众筹	2016年8月25日	石家庄
3	凯祥众筹	2016年10月26日	邯　郸
4	鑫焱众筹	2016年11月30日	张家口
5	奔客达众筹	2016年5月18日	石家庄
6	好好众筹	2017年5月1日	廊　坊
7	振翔众筹	2016年9月1日	石家庄
8	安逸客众筹	2016年9月29日	石家庄
9	银华众筹	2016年8月26日	石家庄
10	宇霸众筹	2016年9月8日	保　定
11	乾道嘉众筹	2016年10月10日	衡　水
12	厚耀众筹	2016年10月17日	石家庄
13	诺林众筹	2016年10月26日	廊　坊
14	嘉扬众筹	2016年10月13日	保　定
15	德汇众筹	2016年10月17日	保　定
16	松柏树众筹	2016年11月3日	保　定

资料来源：众筹家。

二、河北互联网金融的特点

（一）以P2P网络借贷平台为主

目前，河北互联网金融的形式有P2P网络借贷、众筹和第三方支付等。近几年，河北在大力发展电子商务方面，重点推出了P2P网络借贷平台。据网贷之家网贷导航数据显示，自2013年3月河北第一家P2P网络借贷平台——融贷通赢正式上线运营以来，截至2017年7月，河北陆续上线运营的P2P网络借贷平台累计达146家，目前正常运营的有28家。各平台都在进行创新性探索，寻找合适自己的定位，从同质化逐步走向差异化。

（二）尽管 P2P 网络借贷平台出现了提现困难、“跑路”等问题，发展仍比较稳健、规范

P2P 网络借贷企业虽然是帮别人做融资服务，但自身也存在融资需求，企业想要快速发展离不开资金的支持，然而在过去两年融到资金的河北 P2P 企业只有两三家，被知名风投和上市企业看上的几乎没有，融资渠道的封闭直接阻碍了河北的 P2P 行业发展壮大，不少企业因为缺乏资金而只能放弃推广营销，艰难维持运营，或者停业、转型或者卷钱跑路了事。根据网贷之家网贷导航数据显示，截至 2017 年 7 月，河北累计非正常运营（含停业、提现困难、跑路、经侦介入、转型）的 P2P 网络借贷平台共有 118 家。

河北互联网金融大多数是以产业为基础，以支持实体经济为目标，发展都比较稳健、规范。与南方一些省份的 P2P 网络借贷平台一上线就是年化 20%、30%、40%、50%，甚至过 60%，相比河北的 P2P 网络借贷平台上线起步给投资人的收益都在年化 18% 以下，比较稳健，而且河北的 P2P 网络借贷平台一般做的都是真实贷款项目。由于河北 P2P 网络借贷平台的发展都遵循类似中介的这样一种理念，所以尽管一些 P2P 网络借贷平台出现了提现困难、“跑路”等，但到目前为止尚未出现太大的问题，基本都是在国家法律、法规、政策范围之内健康发展。随着各项监管政策的陆续出台和完善，目前河北的互联网金融不断走向规范运营，迈上稳健发展之路。

（三）P2P 网络借贷平台与银行之间的资金存管合作不断加强，客户资金安全风险不断降低

2015 年 7 月 30 日，河北银行与“人文贷”合作签约仪式暨新闻发布会举行。“人文贷”是石家庄人文投资咨询有限公司旗下的独立品牌，是河北省最早一批 P2P 网络借贷服务平台。2015 年，“人文贷”大力响应国家“大众创业、万众创新”的号召，为大众创新、创业提供有力的资金支持，切实解决河北省县域特色经济产业转型升级过程中“融资难、融资贵”的问题。“人文贷”与河北银行达成资金存管的合作，是继 2015 年 7 月 18 日央行等十部委联合印发的《关于促进互联网金融健康发展的指导意见》出台之后，全国第一家与银行签约的 P2P 网络借贷平台，同时也是河北省首家与银行签订合作协议的 P2P 企业。这是河北省乃至全国 P2P 网络借贷平台与银行合作的典范，同时也为河北互联网金融的健康发展树立了一个标杆。

2017 年 5 月 3 日，河北安凯资本旗下的融投贷与贵州银行“银行存管”战略合作签约仪式在位于贵阳的贵州银行总部举行。这是河北第二家 P2P 网络借贷平台接入银行存管。有了银行存管的接入，P2P 网络借贷平台将实现客户资金和平台资金的完全隔离，客户的账户信息和资金流向都将受到银行的监督。资金存

管为客户资金安全增加了“安全阀”，可以最大限度地降低客户资金安全风险。

（四）P2P网络借贷平台以定向投资区域特色产业为主

河北P2P网络借贷平台高度贴近实体经济，形成了河北特色的经营模式。河北互联网金融融资面向全国开放，投资定向区域特色产业，几乎每个P2P网络借贷平台都重点投资一个产业集群，不但融资直接投向实体企业，而且由于对产业熟悉能够有效控制，减小了投资风险。如融贷通赢P2P网络借贷平台，是河北第一家P2P网络民间借贷服务平台、中国第一家特色产业互助资金网络服务平台，其创建了“电商+金融”，助力安平丝网产业升级。还有河北航政电子商务公司的“贷贷通”，是以纺织电子商务为基础，针对高阳纺织产业服务的互联网融资服务平台。河北互联网金融一定会抓住当前的大好机遇，拓宽经营领域，加快发展、完善经营机制，防范融资风险，完善河北特色经营模式，坚持走互联网金融支持实体经济发展的道路。

综上所述，河北具有良好的互联网金融发展基础，但同时也要认识到，河北互联网金融发展层次还比较低，互联网金融发展的要素一直没有配齐，比如高端人才严重缺乏、缺少风险投资支持等。河北传统企业的电商应用率不足20%，大部分企业还徘徊在互联网大门之外。原因是多种多样的，核心还是创业环境问题。河北是工业大省，创新思维不足，创业文化薄弱，无论从政府、企业还是个人来说，对互联网经济的认识远远不够，创业氛围就难以形成。

第二节　石家庄

一、第三方支付

（一）河北一卡通电子支付服务有限公司

河北一卡通电子支付服务有限公司（以下简称河北一卡通）是河北省内首家获批中国人民银行《支付业务许可证》的第三方支付服务企业。公司获批的《支付业务许可证》许可业务类型为预付卡发行与受理，许可范围覆盖整个河北省。

河北一卡通已在公共交通、车主服务、商超百货、餐饮娱乐、旅游出行、生活服务、生活缴费、加油、高速ETC等领域多个行业使用。目前，拥有50多万持卡用户，公司在传统商户刷卡支付基础上，积极探索一卡通在新兴行业的多种业务模式，已形成集消费、会员管理、营销管理、身份识别为一体的多功能、多用途一卡通卡，真正发挥了一卡多用、一卡通用的便利性。

在石家庄“城市一卡通”运营过程中，公司获得了石家庄市委、市政府的大力支持，在2009年被市委、市政府列为“重点办好的38件实事之一”，并多次获得石家庄信息化先进单位的荣誉。河北一卡通目前是住建部“城市一卡通”试点单位，“全国金卡工程—城市通卡联盟”理事单位之一，是河北唯一一家获得国家IC卡注册中心发卡方和应用服务提供方两项注册认证的公司。

（二）御嘉支付有限公司

御嘉支付有限公司是为适应第三方支付市场发展需要，符合中国人民银行监管要求成立的第三方支付公司。公司于2012年6月荣获央行颁布的《中华人民共和国支付业务许可证》，是从事跨行业、跨消费场所的多用途预付卡业务的专业公司。经营范围包括预付卡发行与受理，业务覆盖范围：北京市、河北省等。

公司自成立以来，一直致力于成为专业从事预付卡发行与受理的非金融支付服务机构，为企事业单位提供安全、便捷、稳定的支付解决方案。公司为广大客户提供立体化、全方位、安全的消费及优惠服务，在北京及河北各地市设立公司，架起地区与地区之间、商家与商家之间的桥梁，加强地区与地区间的交流与合作，促进地区间的共同发展和繁荣，共同拉动消费市场。

（三）河北北人冀通支付服务有限公司

河北北人冀通支付服务有限公司（原石家庄商商网络有限公司）隶属于石家庄北国人百集团，于2009年2月组建，开展多用途商业预付卡的发行与受理业务。经营范围包括预付卡发行与受理、计算机技术服务等。公司于2013年1月6日获得由人行批准下发的《支付业务许可证》，这标志着北人集团作为河北省内大型传统商业企业第一家非金融企业进入支付行业领域，具备了在河北省行政区域内开展多用途预付卡进行跨行业、跨企业、跨法人支付结算的业务资质。

河北北人冀通支付服务有限公司拥有专业的团队、完善的管理机制，功能强大的预付卡系统平台，庞大的会员群体，同时依托北人集团庞大的系统资源优势，深入挖掘预付卡业务价值，努力扩展全省预付卡业务市场，现已建立涵盖公共事业费缴纳、加油、手机话费缴纳、百货、超市、电器、餐饮、娱乐、休闲、健身、旅游等40个行业累计千余个门店的服务网络，公司将继续秉承专业化、一体化的战略，为企业和个人客户提供更加安全、便捷、经济的电子支付服务。

二、P2P网络借贷

（一）人文贷

人文贷系石家庄人文投资咨询有限公司旗下独立品牌，平台2014年1月23日上线。注册地为石家庄市桥西区，注册资本5000万元。作为河北最早的一批

P2P 网络借贷平台，自成立至今，人文贷为投资者提供综合性金融资产交易相关服务及投融资顾问服务，致力于通过优质服务及不断的交易品种与交易组织模式创新，提升交易效率，努力成为河北领先并具有重要影响力的金融资产交易服务平台。

（二）贷信通

贷信通网贷平台隶属于河北乐代电子商务有限公司，是河北首家抵质押网络借贷信息平台。平台 2014 年 5 月 8 日上线，注册地为石家庄市桥东区，注册资本 500 万元。贷信通网贷平台采用先进的互联网技术和完善的风控体系，实现线上理财和线下贷款业务的有效对接，帮助有房产或有车产的小微企业以更低的成本取得资金，促进实体经济的发展，实现借贷双方的互利共赢。

（三）融投贷

融投贷是由河北省青年创业促进会发起的，河北安凯投资有限公司运营的 P2P 网络借贷平台，2014 年 5 月 13 日上线。河北安凯投资有限公司成立于 2013 年 11 月，注册资本 3000 万元，位于石家庄市裕华区。融投贷结合中国金融发展尤其是华北地区金融实情与互联网技术创新，在健全的风险管控体系基础上，为中小企业及个人客户提供投融资服务。

（四）易简贷

易简贷为中国冀商金融控股集团旗下品牌，由河北省企业融资服务协会、冀商基金、冀商财富论坛、中国民间资本联盟、河北易简投资管理有限公司共同发起，由河北易简投资管理有限公司承办，是河北省首批互联网金融企业。平台 2014 年 6 月 24 日上线，注册资本 1000 万元，位于石家庄市长安区。易简贷是河北省互联网金融专业委员会的主发起单位，其宗旨是引导和联合全省乃至全国互联网金融企业规范健康有序发展，推动中国普惠金融事业进步，为中国小微企业健康成长做出自己的探索和努力。

（五）奔宝贷

奔宝贷是河北奔宝投资咨询有限公司旗下 P2P 网络借贷平台。平台 2014 年 9 月 15 日上线，注册资本 2000 万元，位于石家庄市长安区。奔宝贷实现了客户资金第三方托管。客户在投资时须在第三方支付平台开立独立的资金托管账户，该账户是归客户所有、由客户控制的资金账户，平台只有在客户完成投标后才能从客户的资金托管账户上划扣资金，而未划扣的资金是由客户自由支配的，实现了客户资金与平台的完全隔离。

（六）轻易贷

轻易贷是轻易科技有限公司创建的网络贷款平台。平台 2014 年 10 月 16 日上线，注册资本 25 亿元，位于石家庄市长安区。轻易贷通过互联网工具向注册会员提供理财、借款的平台服务，促进会员间达成借贷意向。轻易贷目前专业服务于汽车垂直领域，是拥有线下网点最多的全国性 P2P 信贷平台，以线下 550 多家服务网点为汽运行业中小企业提供贷款。

（七）信投在线

信投在线是由河北信投集团全资子公司河北信投集团资产管理有限公司成立的河北省首家国有独资的互联网金融信息中介平台。平台 2014 年 10 月 20 日上线，注册资本 5 亿元，位于石家庄市新华区。信投在线通过 8 大审核、38 个风控节点确保项目风险可控，以 O2O 的业务模式运营，投融资双方资金通过第三方支付机构完成融资方和投资者账户之间的直接流转，恪守法律底线和政策红线，落实信息中介性质，不设立资金池。2016 年 7 月信投在线平台被列入河北省国资企业“十三五”发展规划纲要。

（八）七彩格子

七彩格子系海盛聚力河北网络科技有限公司旗下全资子平台及品牌，隶属河北海盛集团。平台 2014 年 11 月 6 日上线，注册资本 5000 万元，位于石家庄市桥西区。七彩格子为专业实物抵押 P2P 网贷平台，专注于房产车产实物抵押 P2P 借贷，立足于石家庄市服务全国投资者。

（九）银点财富

银点财富是由河北银点投资咨询有限公司创建的互联网金融平台。银点财富的前身银点 e 贷于 2014 年 11 月 11 日正式上线，2015 年 12 月 1 日银点 e 贷正式更名为银点财富，注册资本 500 万元，位于石家庄市裕华区。

（十）冀金宝

冀金宝是河北冀金宝网络科技股份有限公司旗下的一个在线金融交易平台，公司是在中国产权市场创新联盟发起人之一的河北产权市场有限公司倡导并联合国内省级国有交易所共同设立的一家新型互联网金融平台。平台 2014 年 12 月 21 日上线，注册资本 1000 万元，位于石家庄市桥西区。冀金宝在互联网金融行业国内首创了“平台独立风控 + 国有交易机构监托管 + 国有担保公司本息责任保障 + 第三方资金监托管”四维一体的运营模式，确保风控保障体系强于传统金融机构。冀金宝通过国有交易机构提供的金融产品及服务，在投资者和中小企业之间搭建起一个安全、高效、透明的普惠金融桥梁。让普通投资者在平台上，享受到行业提供的低门槛、高保障、可信赖的投资理财服务，并获取远高于一般投资理财方式的收益。

（十一）新合作金融

新合作金融为河北省新合作金融服务有限公司创建的互联网金融服务平台，主要功能是为投资人和借款人提供合法的借贷信息、需求匹配、投资充值与借、

还款等环节的组织与处理等各类信息中介服务与增值服务。平台 2015 年 3 月 12 日上线，注册资本 3000 万元，位于石家庄市高新技术产业开发区。河北省新合作金融服务有限公司，为河北省新合作控股集团全资子公司，注册资本 3000 万元。

新合作金融是河北首家大型涉农互联网金融服务平台，作为河北供销社深化改革、服务“三农”的改革探索，其为涉农中小微企业和投资者搭建投融资渠道，助力“三农”发展。该平台主要为河北省内中小农业企业、农民专业合作社等新型农业经营主体提供低成本的融资服务，同时发布民间借贷信息，通过聚集银行、保险等金融部门的理财产品，整合农村合作金融体系，为农民提供多种金融产品和增值服务。新合作金融采取 P2P（个人对个人）、P2C（个人对企业）匹配资金供求网贷模式，个人和机构有投资计划，可以登录“新合作金融”平台，实名注册，根据平台定期发布的项目介绍，有选择地进行投资；中小微企业有资金需求，可以依托“新合作金融”进行项目发布，争取融资。

（十二）信贷通

信贷通是一家关注于大众投资理财、个人及小微企业借款的互联网金融专业服务平台。平台 2015 年 4 月 9 日上线，注册资本 5000 万元，位于石家庄市桥西区。信贷通以努力建设一流的互联网金融服务平台为经营目标，为中小微企业提供全方位的金融支持，为投资人提供安全、可靠、高效的金融服务。目前，信贷通已与多家行业内相关单位签订合作协议。

（十三）富创在线

富创在线是由河北省三大国有投资集团——河北科技投资集团有限公司、河北国富农业投资集团有限公司、河北国和投资集团有限公司联合出资共同打造的互联网金融云平台，将借贷和投资理财融为一体，致力于为企业及个人客户提供专业可靠的网上投融资服务，创新金融模式，以国有公信力吸收和引导社会资金，解决河北省中小企业融资难题，实现借贷双方的共赢互惠以及投资人的财富增值。平台 2015 年 4 月 23 日上线，注册资本 2000 万元，位于石家庄市高新区。

（十四）钱布袋

钱布袋是由河北钱布袋投资有限公司创建的网络借贷信息中介平台，主营车贷宝、房贷宝、优信宝等投资理财业务。平台 2015 年 5 月 1 日上线，注册资本 3000 万元，位于石家庄市长安区。河北钱布袋投资有限公司是一家主要从事线上投资理财的专业金融中介机构。

（十五）正臣财富

正臣财富是在河北省工信厅和金融办指导下河北正臣投资有限公司创办的，以促进河北省经济发展为宗旨，服务河北省中小企业和投资人的新型互联网金融服务平台。平台2015年5月8日上线，注册资本1000万元，位于石家庄市裕华区。正臣财富与河北省民营经济发展促进会、河北省健康服务业协会等多家商会及大型集团建立了战略合作关系。

（十六）冠腾投资

冠腾投资隶属于河北冠腾投资咨询有限公司，是一家互联网金融借贷服务平台。平台2015年5月21日上线，注册资本1000万元，位于石家庄市桥西区。

（十七）富利网

富利网平台是一家由河北安金网络科技有限公司创建的专注于服务三、四线城市金融市场的互联网金融信息服务平台。平台2015年6月1日上线，注册资本3010万元，位于石家庄市桥西区。富利网的定位是中小微企业融资服务平台，本地可靠可信的投资理财平台。

（十八）欧克普惠

欧克普惠是基于互联网的P2P网络借贷平台，隶属于河北石家庄正坤投资咨询有限公司。平台2015年8月5日上线，注册资本3000万元，位于石家庄市桥西区。欧克普惠作为一个集网络借款、网络投资理财、咨询为一体的全方位互联网金融服务平台，主要解决小微企业或个人融资难的问题，同时也为投资人提供一个低门槛、高收益的投资理财渠道。

（十九）鑫良财富

鑫良财富是鑫粮田金融公司为贯彻落实“互联网+”战略而成立的P2P网络借贷服务平台。平台2015年9月1日上线，注册资本3000万元，位于石家庄市裕华区。鑫良财富涉猎于传统农业、建筑装修业，专注于文化影视产业链，挖掘网红经济，助力传媒影视企业实现品牌人格化，并为企业、网红和粉丝之间搭建一座坚实的桥梁。所有借款项目从前期审核、实地考察、风险评估全方位把关，并且均由融资性担保公司提供全程担保，担保方及平台设有贷后管理跟进。平台把产业链上下游有机地结合起来，打通了从项目申请借款到后期还款跟进的一系列环节，实现了网络借贷的“一站式”资金融通交互。

（二十）融信速贷

融信速贷是河北融信速贷投资管理有限公司旗下独立运营的P2P网络借贷平台，平台2015年11月25日上线，注册资本5000万元，位于石家庄市裕华区。融信速贷结合国内互联网、金融和工程机械打造了全国首家“互联网+金融+工程机械”的互联网金融综合性服务平台，为有资金需求的中小型企业和个人提供一个专注于实物抵押借贷业务的金融服务。

（二十一）宜民贷

宜民贷平台是一家通过运用现代网络信息技术手段，将互联网与传统金融相融合的网贷信息服务平台。平台2015年12月7日上线，注册资本5000万元，位于石家庄市长安区。宜民贷由河北振民信息技术有限公司负责运营。河北振民信息技术有限公司成立于2015年11月，隶属于宜民贷（上海）金融信息服务有限公司，独立运营。目前平台运营房投宝、酒投宝、车投宝等产品，宜民贷响应国家扶贫号召，推出光伏宝公益项目产品。

（二十二）长汇财富

长汇财富是由河北长汇投资管理有限公司创设的一家集大众投资理财、个人及小微企业借款为一体的互联网金融服务平台。平台2015年12月15日上线，注册资本1000万元，位于石家庄市桥西区。2015年12月24日，长汇财富在深圳前海股权交易中心正式挂牌（挂牌代码：666637），成为互联网金融行业统一规范的引领者。

（二十三）恩科e贷

恩科e贷是由河北恩科信息科技有限公司创设的互联网金融服务平台。平台2016年6月25日上线，注册资本5000万元，位于石家庄市裕华区。恩科e贷的前身是“钱钱e贷”，在运营4个月左右，2016年11月25日平台名称由“钱钱e贷”正式变更为“恩科e贷”。

（二十四）平太金服

平太金服互联网金融信息中介网站是河北平太商业管理有限公司倾力打造的专业从事投融资服务的互联网金融信息中介平台。平台2016年11月1日上线，注册资本2000万元，位于石家庄市桥西区。平太金服的风控事务由河北平太律师事务所全程跟进，客户资金由上海银行提供托管和通道支持，实现跨行业、跨专业的强强联合、利用互联网快捷、便利的特性，为借贷双方提供可靠的信息中介服务。该公司目前主要经营的业务范围包括企业管理咨询服务和品牌策划以及市场调查分析服务、互联网服务和代理国内广告业务、经济贸易信息咨询和其他经过相关部门审批后开展的经营活动。

三、众筹

（一）合伙中国

合伙中国是河北启梦网络科技有限公司旗下品牌，主营互联网平台，是河北省知名的集项目发布、综合服务、资金对接于一体的“一站式”项目服务网络平台。平台上线时间为2014年7月1日，平台类型为股权众筹。合伙中国注册地为石家庄市裕华区，专注领域综合。合伙中国已经为大量项目提供“一站式”服务，并通过网络平台和线下服务为多个项目成功募集资金。

（二）蜂巢众筹

蜂巢众筹是温盾网络科技有限公司旗下的二手汽车众筹平台，目前着力以二手车投资为主，蜂巢众筹主要和二手车商进行合作，合作商提供优质的车辆，蜂巢众筹团队经过评估，利用平台的信息交流进行募集投资发起众筹。平台上线时间为2016年8月25日，平台类型为权益众筹。蜂巢众筹注册地为石家庄市裕华区，主要服务内容为汽车众筹。

（三）奔客达众筹

奔客达众筹是河北奔客达电子商务有限公司旗下互联网汽车金融服务平台，是河北省首家线上汽车金融体验服务平台，主要经营二手车众筹、新车众筹等业务。平台上线时间为2016年5月18日，平台类型为权益众筹。奔客达众筹注册地为石家庄市桥西区，主要服务内容为汽车众筹。

（四）振翔众筹

振翔众筹是河北振翔网络科技有限公司旗下的互联网汽车金融服务平台，平台上线时间为2016年9月1日，平台类型为权益众筹。振翔众筹注册地为石家庄市平山县，主要服务内容为汽车众筹。

（五）安逸客众筹

安逸客众筹是河北安逸客网络科技有限公司旗下的互联网汽车金融服务平台，平台上线时间为2016年9月29日，平台类型为权益众筹。安逸客注册资本5000万元，注册地为石家庄新华区，主要服务内容为汽车众筹。

（六）银华众筹

银华众筹是河北银华电子商务有限公司旗下的汽车众筹平台，平台上线时间为2016年8月26日，平台类型为权益众筹。银华众筹注册地为石家庄长安区，主要经营二手车众筹、新车众筹业务。

（七）厚耀众筹

厚耀众筹属于河北厚耀电子商务有限公司旗下品牌，是互联网汽车金融服务平台，平台上线时间为2016年10月17日，平台类型为权益众筹。厚耀众筹注册地为石家庄新华区，主要经营二手车众筹、新车众筹业务。

四、其他

（一）365集团开启省会众筹新模式

2015年6月29日，365集团宣布，集团旗下的36524便利店及好乡亲365便利店将采取股权众筹为主、债权众筹为辅的36524混合众筹模式，面向社会大众开展众筹。这是通过资源整合、技术创新和金融业务模式创新叠加而形成的“互联网+金融+传统连锁商业”的众筹模式。河北365集团下辖两个事业群，一个是以36524便利店为主体的城市便利店事业群，另一个是以好乡亲365便利店为主体的农村便利店事业群，共拥有超过1200家实体门店，广泛分布在石家庄、

唐山等京津冀地区。企业将以单个实体门店为项目，通过股权众筹资金和债权众筹资金，加快门店网点建设，3～5年内在京津冀地区开设1000家城市便利店和10000家好乡亲365便利店。

河北365集团联合河北富银担保有限公司、圣源祥保险销售服务集团、商脉中国和信投在线、信合财富、普道投资等7家企业共同成立“河北省365互联网智慧金融平台”，通过债权众筹的方式为创业者筹集创业资金，通过股权众筹将顾客变为股东。

“河北省365互联网智慧金融平台”定位为专注于连锁零售业生态圈的众筹平台，主要投资方向为供应链金融、消费金融、小微企业及个人开店投资借款。在供应链金融方面，为供应商的规模扩张、资金流转进行服务。在消费金融方面，开发类似于“京东白条”的产品，鼓励顾客到店消费。

在企业和个人开店投资借款方面，则是借助“互联网+金融”的方式为大众创业、万众创新服务。一方面36524便利店可以为创业大众提供成熟的商业模式，另一方面通过众筹平台为创业者募集资金，帮助创业者走好创业的“最先一公里”。同时企业还能为创业者提供创业项目辅导、创业咨询培训等多种服务。这种“互联网+金融+企业+创业者”的新型创业模式，将提高创业者获取资金的概率和创业成功的可能。

（二）中关村互联网金融信息服务中心河北中心落户石家庄桥西区

2015年12月1日，中关村互联网金融服务中心与石家庄市桥西区政府签订协议，在石家庄市自强路金融街双方共同建设中关村互联网金融服务中心河北中心项目，携手搭建河北省首家互联网金融服务平台。这是该区抢抓京津冀协同发展机遇，利用京津金融创新资源，助推石家庄市服务业转型升级的又一重大举措。

北京中关村互联网金融信息服务中心由海淀国投及中投国泰、国培等实力机构联合发起，位于北京海淀区中关村互联网大厦，是全国首家互联网金融行业服务平台。该中心目前已审核入驻银客网、网易支付、人人投、银豆网、有利网、买金网、融360等35家具有强大影响力的互联网金融企业，后续有200余家互联网金融企业正在等待审核入驻。

此次双方签约的中关村互联网金融信息服务中心河北中心项目，是该中心在河北设立的唯一一家省级中心，将落户于桥西区槐安路与城角街西北角振兴商贸广场的A座。中心将立足为河北金融产业规范发展，带来前沿的管理和理念，进一步吸收京津创新资源、承接北京外溢的产业和项目。中心将发起成立河北互联网金融专项基金，建设“创客空间”，实施创新创业孵化。目前，已初步确定20家优质企业首批入驻该中心，业务范围涵盖P2P、众筹、第三方支付、供应链金融服务等领域，还将建设“创科空间”、实施创新创业孵化。

互联网金融，是传统金融行业与互联网信息技术相结合的新兴业态，是国家大力发展的“互联网+”重点产业。桥西区成功引进中关村互联网金融信息服务中心河北中心项目，对于服务全省和地方实体经济，特别是中小企业发展，丰富省会金融服务产业构成具有重大意义。

近年来，桥西区以发展现代服务业及总部经济、楼宇经济为主攻方向，以金融业为主导产业，河北省70%以上的金融总部落户在该区，已经形成规模和聚集效应。该区将以此项目建设为契机，充分发挥金融总部经济聚集发达和楼宇资源丰富的优势，继续壮大传统金融业，吸引更多的银行总部入驻，并瞄准“互联网+”新型产业方向，大力发展互联网金融、互联网保险、金融服务外包等新兴业态，进一步延伸金融产业链条，打造更具影响力的自强路金融街，巩固壮大桥西的河北金融中心地位，做大做强现代金融服务业。

第三节　廊坊、保定

一、P2P 网络借贷

（一）永银贷

永银贷由永银保定投资股份有限公司创设，2014 年 6 月 16 日上线，注册地为保定市。永银保定投资股份有限公司成立于 2014 年 3 月，注册资金 5000 万元，总部位于河北保定市，是一家集财富管理、信用风险评估与管理、贵金属投资等业务于一体的综合性现代金融服务公司。

（二）一诚一贷

一诚一贷为河北诚相待投资有限公司旗下的互联网金融理财服务平台，于 2015 年 6 月 1 日正式上线运营，注册地为保定市易县。一诚一贷主要为县域城乡、农村人群提供方便快捷的互联网金融服务，解决广大县域农村小微企业主、工薪阶层、大学生、农户的实际困难。

（三）好好创投

好好创投由霸州市好又好电子商务有限公司创建，2015 年 5 月 12 日上线，注册地为廊坊霸州市。霸州市好又好电子商务有限公司位于霸州市开发区，注册资本 3000 万元，经营范围主要为网上销售计算机及配件、电子产品，计算机技术咨询、经济信息咨询、企业管理策划、商务信息咨询、网络信息咨询等。

二、众筹

嘉扬众筹是河北嘉扬网络科技有限公司创建的二手车众筹平台，注册地为保定市，平台于2016年10月13日上线，平台类型为权益众筹，专注汽车领域。

（二）德汇众筹

德汇众筹是河北德汇网络科技有限公司旗下的互联网汽车众筹理财平台，致力于二手车众筹业务，注册地为保定市莲池区。平台上线时间为2016年10月17日，平台类型为权益众筹，专注汽车领域。

（三）松柏树众筹

松柏树众筹是隶属于宇地网络科技有限公司旗下的专业众筹平台，注册地为保定市莲池区。平台上线时间为2016年11月3日，平台类型为权益众筹，专注汽车领域。

（四）宇霸众筹

宇霸众筹是由保定宇霸网络科技有限公司创建的众筹平台，着力于二手车众筹业务，注册地为保定市莲池区。平台上线时间为2016年9月8日，平台类型为权益众筹，专注汽车领域。

（五）好好众筹

好好众筹是由廊坊霸州市好又好电子商务有限公司创建的众筹平台，着力于房产众筹业务，注册地为廊坊霸州市。平台上线时间为2017年5月1日，平台类型为权益众筹，专注房地产领域。

（六）诺林众筹

诺林众筹是由廊坊诺林二手汽车交易服务有限公司创建的众筹平台，着力汽车众筹业务，注册地为廊坊市大城县。平台上线时间为2016年10月26日，平台类型为权益众筹，专注汽车领域。

三、其他

2014年10月16日，保定市首家本土互联网金融平台——直利贷正式上线运营，开门第一标50万元为一民营企业周转资金借款项目，不足一分钟，标的告罄。直利贷的上线标志着古城保定互联网金融行业发展进入到了一个新阶段。

直利贷是从事互联网金融的P2P借贷平台之一，主要解决中小企业融资借贷难题。该平台由保定市中小企业投资商会创办，旨在借助互联网金融发展大势，实现企业与资本的相互整合，促进中小企业成长壮大。

第四节　唐山、秦皇岛、沧州

一、P2P 网络借贷

淘珠网是秦皇岛首家上线 P2P 网络借贷平台，由河北多信投资有限公司创建，2015 年 8 月 21 日上线，注册地为秦皇岛市海港区。淘珠网致力于为投资人与借款人打造安全、可靠、便捷、诚信、低门槛、高收益的 P2P 网络借贷平台。让借款与融资更加轻松便捷，让投资理财更加便捷安全。

河北多信投资有限公司是一家专注于互联网金融的互联网公司，注册资金 5100 万元，拥有大量的中小企业客户。公司与多家银行开展了业务合作，建立了良好的业务关系。

二、其他

（一）互联网金融企业信通中国进驻秦皇岛

2014 年 10 月 28 日，秦皇岛市迎来了本市一家较大规模的互联网金融企业——信通中国。信通中国秦皇岛分公司将努力打造成河北地区互联网金融行业的旗帜标杆，以行动实践“做最好的本土企业”的愿景。对于秦皇岛的金融市场而言，信通中国的进驻将有助于改变当地的市场格局，信通中国一直坚持区别于传统金融行业的普惠金融理念，也将有利于实现秦皇岛地区民众对于财富增值的渴望，助力当地 P2P 行业乃至互联网金融业的开拓性发展。

作为行业领先企业的信通中国创建于 2010 年，总部位于北京 CBD 金融贸易中心，是一家集财富管理、信用风险评估与管理、信用数据整合服务、小额借款咨询服务、有限合伙、基金份额推介服务、个性化投融资方案设计服务等业务于一体的综合性现代金融服务类企业。目前，信通中国服务机构遍布全国多个主要城市，在北京、上海、成都等全国 50 余个大中城市设立分支机构，将服务触角深入到城市、乡村、厂矿等各个角落。

（二）京金所布局沧州

随着金融改革和互联网金融 O2O 模式的深入发展，P2P 网络借贷平台也在线下不断攻城略地。2015 年 4 月，智上村金融控股集团旗下的金融资产交易平台“京金所”布局沧州。沧州作为联通鲁北、冀东南经济区域等重要城市，京金所完成沧州布局，意味着京金所对京津冀战略市场的进一步完善。这也将通过京金

所专业化的服务意识逐步推动沧州传统民间金融互联网化、规范化及专业化进程。

一直以来，沧州区域的民间金融市场处于无序的状态，而京金所的强势入驻，必将为沧州民间金融的发展注入新鲜的血液，也将通过互联网化带动沧州民间金融行业向有序、健康的方向发展。

京金所是一家践行 O2O 模式的互联网金融信息整合服务权威机构，致力于推动民间金融企业的互联网化、规范化及专业化进程，致力于携手传统民间金融企业共同开拓互联网金融事业的新征程，致力于通过专业化的服务让小微企业的融资更简单、更便捷、更高效。

通过技术和理念的不断创新，京金所在金融产品服务及投融资加盟运营服务（投融资连锁运营体系）方面已独具特色。京金所通过区域加盟合作的模式带动当地民间金融企业的规范化发展，促进当地中小企业提高融资效率、降低融资成本，进而带动了地区经济的发展。

（三）金豆利——唐山第一家 O2O 模式的互联网金融平台

金豆利平台，上线于 2015 年，是唐山安盈网络科技有限公司创建的唐山本土第一家 O2O 模式的互联网金融平台。平台依托公司大数据处理系统及云计算平台，为个人与中小企业提供贷款支持的同时也为有投资需求的个人开辟理财通道。

第五节　邢台、邯郸、衡水

一、众筹

（一）凯祥众筹

凯祥众筹是河北凯祥网络科技有限公司在线汽车生活服务平台，注册于邯郸复兴区，是邯郸市第一个互联网汽车金融服务体验中心。平台于 2016 年 10 月 26 日上线，平台类型为权益众筹，专注二手车领域。

（二）乾道嘉众筹

乾道嘉众筹是河北乾道嘉网络科技有限公司创建的二手车众筹交易平台，注册于衡水市桃城区。平台于 2016 年 10 月 10 日上线，平台类型为权益众筹。乾道嘉众筹专注汽车领域，致力于打造全新的二手车交易模式，为用户优质的二手车交易平台。

二、其他

（一）互联网金融机构走进邢台对接企业投融资服务

2015年6月，信投在线、人文贷、易简贷、创利网和银点e贷五家互联网金融服务机构走进邢台清河，与数十家羊绒企业负责人对接投融资服务。互联网聚拢社会闲散资金给实体经济“输血”提供了平台。

清河羊绒产业发展已走过“自给自足”阶段，资金不足制约了企业发展速度。此次互联网金融平台与羊绒产业集群交流对接，给羊绒产业集群带来了创新的金融资源和理念，引导企业善用金融资本。

（二）邯郸：冀中能源招商融资2亿元大力发展互联网金融

经邯郸市科技局多次牵线搭桥，2017年6月冀中能源国际物流集团与国核商业保理股份有限公司（上海）签约合作。国核保理和冀中能源国际物流集团电子商务融资2亿元，主要支持“互联网+”产品。该项业务将支持冀中能源国际物流集团在互联网金融贸易业务快速发展。国核商业保理股份有限公司是国家电力投资集团旗下的专业化金融平台，是国家商务部授权批准的商业保理试点，是经国家工商总局核准在上海自贸区合法注册的其他类金融企业。

第六节　张家口、承德

一、众筹

鑫焱众筹是河北鑫焱网络科技有限公司旗下的汽车众筹平台，注册于张家口市张北县。平台于2016年11月30日上线，平台类型为权益众筹，专注汽车领域。

二、其他

（一）阿里180亿元张北布“云”，打造北方区域结算中心

2015年3月25日，京津冀合作重点项目之一——阿里张北云数据中心项目在张家口市张北县庙滩产业园开工。未来5年内，阿里巴巴集团计划将北方区域约80%的云计算、大数据业务量放到张北，把张北打造成为阿里北方区域结算中心。

阿里巴巴集团规划在张北建立北方云基地，总投资180亿元，占地近1000亩。考虑到云计算的稳定运营和安全保障，他们在张北县的庙滩产业园、小二台

镇和拟建的中都机场附近，建立了3个相互备份的数据中心。此次开工的为一期项目，规划占地450亩，可满足30万台服务器的机位规模，2016年4月投入运营。

张北地处发展云计算的“黄金纬度”地区，是距离北京最近的适宜大规模建设云计算产业的区域之一。该县年平均气温只有2.6℃，能为云计算运营节约45%的降温成本；风电、光伏年发电量达50亿度，而全县年消费电量不足4亿度，可为云计算提供充足电力供应。

纳入京张合作建设项目和京张大数据走廊项目的张北县云计算产业园，目前已进入快速发展期。总投资46.4亿元的张北云联数据中心项目于2014年8月开工建设，占地450亩，可容纳20万台服务器，其中一期计划2017年底投入运营，将吸引云计算、物联网、大数据等领域的高科技企业及人才入驻园区，形成产业聚集，成为高端IT基础设施所在地。总投资100亿元的京北云谷云计算与智慧产业基地项目于2016年3月签约，占地1500亩，可容纳50万台服务器。目前，南京大学规划设计院正在做项目整体规划，未来将形成对北京的数据存储和灾备服务聚群。总投资8亿元的全国教育云数据中心项目已获教育部批准，规划占地200亩。

（二）首家互联网金融公司落地承德

2014年11月29日，首家互联网金融公司——承德三合投资咨询有限公司落地承德，为本地企业提供了超过1000万元的授信额度，解决了中小微企业融资难的问题。公司成立当日，便有16家本市民营企业受益，也是省内首批受益于该互联网金融平台的首批企业。这16家民营企业包括承德阳光高科科贸有限公司、承德市晶鑫玻璃贸易有限公司、滦平县昊润商贸有限公司双滦区分公司等。

承德三合投资咨询有限公司依托市企业家联合商会出资组建，是全国连锁的P2P互联网金融服务平台，总部是深圳三合创业工场集团。深圳三合创业工场的互联网金融对于解决民营企业融资难具备更加先进的模式和明显的效果，将其引进承德，用以帮助本地企业解决融资问题，对于推动承德民营经济发展，对于促进居民就业，都有着重大而深远的意义。

（三）创新型互联网金融服务平台阿拉丁网在承德启动运营

2016年5月22日，创新型互联网金融服务平台——阿拉丁网在承德地区正式启动并投入运营。阿拉丁网的主要业务是为货币衍生品交易和基金信托产品提供线上标准化成交、线下专业的风控清算以及为客户服务，客户定位包括平台商、投资者、操盘手及有理财需求的高净值人群，其经营模式开创了互联网金融行业的先河。阿拉丁网为外汇、期货、原油、证券等金融产品的交易者和平台商之间提供了一个安全透明的撮合交易平台。

第四章　做大做强河北互联网金融产业的有利条件

2016年，河北省共实现生产总值31827.9亿元，按可比价格计算，比2015年增长6.8%。经济的快速发展为互联网金融产业做大做强奠定了基础。目前，河北共有100多个特色鲜明的县域产业集群，并且大多县域特色产业聚集地已经建起了特色产业电商交易平台，这为河北互联网金融的发展提供了很大的发展空间。河北县域产业集群建起的特色产业电商交易平台，具有稳定的客户资源和大量的数据积累，为互联网金融行业的发展奠定了坚实的基础。此外，在石家庄、保定和廊坊等金融机构和互联网企业较聚集的地区，已经涌现了互联网企业和银行、证券、保险等传统金融机构的融合与嫁接，政府正酝酿出台支持互联网企业发起或参与设立互联网金融服务企业的措施。

第一节　经济快速发展

一、2016年和2017年上半年河北经济发展情况

（一）2016年河北省经济发展情况

2016年是实施“十三五”规划任务的开局之年，是为完成“十三五”规划目标奠定基础的重要一年。当前，国际经济不确定因素依然较多，我国改革发展面临诸多挑战。河北经济面临的下行压力仍然较大，但加快转变增长方式、京津冀协同发展稳步推进、“大众创业、万众创新”等改革红利给经济持续健康发展带来新的动力。

2016年，河北共实现生产总值31827.9亿元，按可比价格计算，比2015年增长6.8%。其中，第一产业增加值3492.8亿元，增长3.5%；第二产业增加值

15058.5 亿元，增长 4.9%；第三产业增加值 13276.6 亿元，增长 9.9%。第一产业增加值占全省生产总值的比重为 11.0%，第二产业增加值比重为 47.3%，第三产业增加值比重为 41.7%，比上年提高 1.5 个百分点（见表 4-1）。河北经济的快速发展为互联网金融产业做大做强奠定了基础。

表 4-1　地区生产总值　　单位：亿元

年份	生产总值	第一产业	第二产业	第三产业
2015	29806.1	3439.5	14388.0	11978.7
2016	31827.9	3492.8	15058.5	13276.6

资料来源：河北省国民经济和社会发展统计公报。

（二）2017 年上半年河北经济发展情况

2017 年上半年河北全省经济运行稳中向好、稳中有进，稳的态势在持续，进的力度在加大，新的动能在成长，好的因素在积累。整体经济回升向好，转型升级步伐加快，动能转换成效明显，质量效益持续提高，为实现全年预期目标打下了扎实基础。

初步核算，2017 年上半年，全省完成生产总值 16404.9 亿元，按可比价格计算，比上年同期增长 6.8%，增速比一季度加快 0.3 个百分点，同比加快 0.2 个百分点。分三次产业看，第一产业增加值 1436.3 亿元，增长 3.5%；第二产业增加值 8126.6 亿元，增长 4.5%；第三产业增加值 6842 亿元，增长 10.4%。

二、迅猛发展的电子商务正在成为河北省经济增长的新引擎

互联网金融和电子商务有着密不可分的关系。①电子商务的发展催生了互联网金融。电子商务的发展是互联网金融产生并迅速发展的最直接原因。随着电子商务的发展，互联网金融的发展是必然趋势。②互联网金融的发展对电子商务的顺利进行和发展起着非常重要的作用，它的发展直接关系到电子商务的发展前景。

近年来，河北电子商务发展十分迅猛，一批电商领军企业崭露头角，农村电商平台在 2016 年农村电商全覆盖的基础上继续深化全覆盖工作，县域特色产业电商平台、单品电商平台、行业电商平台、大宗商品交易平台等特色电商平台加速崛起，创新型电商平台不断涌现，十余家电商产业园区建成运营，电商业态日趋多元。电子商务与传统产业加速融合，产业聚集效应显现，网络购物惠及全省，大中型企业电子商务应用率达到 77%，电子商务产业体系基本形成。

电商发展规模不断壮大。2014 年，河北电子商务交易额破万亿元，交易平

台达2000多个，网商40万家。2015年，河北电子商务交易额14545亿元，同比增长34.2%；电子商务平台超过2000个，网商突破40万户。2016年，河北电商交易额完成18112亿元，同比增长24.5%；网上零售额完成1822亿元，同比增长34.8%，占全省社会消费品零售总额的12.7%。2017年上半年，河北完成电子商务交易额11200亿元，同比增长23.7%；网上零售额完成1205亿元，同比增长23.6%。

交易平台建设取得重要进展，打造了一批多样化、有影响力的电子商务交易平台。河北钢铁电子交易中心、河北慧聪大宗商品交易中心等大宗商品交易平台，安平丝网、清河羊绒等县域特色产业交易平台，迁西板栗等单品电商平台，陶瓷、玻璃、耐材等行业垂直电商平台，北国如意购等网络零售平台，邯郸美食林、石家庄36524等社区电商平台，移联网信、农团联盟等农村电商平台，石家庄点点乐等创新型电商平台建设步伐加快，多层次、多模式、宽领域格局基本形成。

农村电子商务全覆盖顺利展开。河北以17个国家电子商务进农村综合示范县为龙头，创建省级电子商务进农村综合示范重点县。对接第三方电商平台，完善“农产品进城”和“工业品下乡”的双向流通渠道。

以产业园区建设为载体，电子商务集群呈现加快发展态势。电商园区加速布局。河北慧聪电子商务产业园等19家园区已建成并投入运营。石家庄电子商务产业园、绿岛电商基地等一批园区已启动建设，电子商务规模化、集约化发展态势已经形成。

跨境电商开始起步。清河羊绒、辛集皮革、白沟箱包、安平丝网等一批外贸优势产业集群，利用国内外第三方跨境电子商务平台积极开展零售出口业务。21世纪中国城、冀商达等本土企业自营跨境电子商务平台和公共海外仓启动建设。

支撑服务体系日趋完善。印发了《河北省人民政府关于进一步加快电子商务发展的实施意见》《河北省电子商务发展三年推进计划》等7个文件，建立和完善了政策支撑体系。构建了“一院、两会、三基金、一论坛”运营体系，研究、推介、融资等服务功能进一步增强，优化了全省电子商务产业环境。

在电子商务的发展上，河北跻身全国前列，表现出了较高的活跃度。2017年3月，阿里研究院发布了2016年“中国大众电商创业排行榜”。其中，在“2016年中国大众电商创业最活跃的50个城市”排行榜中，河北有5个城市上榜，分别是邢台、石家庄、衡水、保定、廊坊；12个县上榜“2016年中国大众电商创业最活跃50个县”，分别是清河、高碑店、冀州、南宫、平乡、深泽、肃宁、容城、晋州、枣强、蠡县、霸州；3个县上榜“2016年跨境电商创业最活跃的25个县”，分别是安平、高阳、霸州。2017年8月，阿里研究院发布的2016

年“电商百佳县”排行榜，河北共有6个县市上榜，分别是清河、香河、大厂、霸州、高碑店和安平。“电商百佳县”广泛分布在16个省，其中浙江45个、福建16个、江苏14个、河北6个、广东4个，五个省拥有的“电商百佳县”数量占全国的85%。其他省入围的“电商百佳县”数量都不超过2个。电商正在成为河北经济增长的新引擎。

三、面临机遇将促进河北经济进一步发展

（一）雄安新区有利于提升河北经济发展质量和水平

设立河北雄安新区，是以习近平同志为核心的党中央深入推进京津冀协同发展作出的一项重大决策部署，具有重大现实意义和深远历史意义，是千年大计、国家大事。雄安新区是继深圳经济特区、上海浦东新区之后又一具有全国意义的新区，它的规划建设不仅给河北带来千载难逢的重大历史机遇，而且必将对京津冀乃至全国经济发展格局产生重要影响。雄安新区能够发挥“区域增长引擎”作用，对于尽快缩小河北与京津发展落差，提升河北经济发展质量和水平具有重大现实意义。

其一，有利于加快补齐区域发展“短板”。多年来，河北与京津之间形成了较大的发展落差，不仅体现在经济实力、人均收入、社会发展方面，而且还体现在城市建设、体制机制改革、对外开放等方面，这些都是河北需要着力补齐的发展“短板”。规划建设雄安新区，其目标是建设绿色生态宜居新城区、创新驱动发展引领区、协调发展示范区、开放发展先行区，努力打造贯彻落实新发展理念的创新发展示范区。其重点任务是建设绿色智慧新城、打造优美生态环境、发展高端高新产业、提供优质公共服务、构建快捷高效交通网、推进体制机制改革、扩大全方位对外开放等。依托雄安新区的开发建设，可以有效地提升冀中南地区乃至全省在京津冀大区域中的经济实力和竞争力，对于河北补齐发展“短板”具有极大促进作用。

其二，有利于提升河北经济社会发展质量和水平。雄安新区产业发展方向是高端高新产业，城市发展方向是提供优质公共服务和优美生态环境的绿色智慧新城，这表明雄安新区将会坚决摒弃污染型工业，积极吸纳和集聚创新要素资源，打造创新创业集群；将会大规模引入优质教育、医疗卫生、文化娱乐、体育健身等资源，与北京在公共服务方面开展全方位深度合作。由此而言，规划建设雄安新区将进一步加快河北产业结构调整和升级步伐，极大提升河北城市公共服务水平和社会治理水平，推动河北产业体系向高端化迈进。这对提升河北经济社会发展质量和水平具有重要战略意义。

其三，有利于培育形成新的区域增长极。规划建设雄安新区，将加快建立起

连接京津及周边其他城市、北京新机场之间的快捷交通网络，形成便捷通达的综合交通网络；加快建立与国际接轨、国内领先的城市管理体系，集聚高端创新人才和高层次的就业人口；加强与京津及国内外区域增长极的合作交流，打造扩大开放的新平台与载体群，大大提高吸引各类要素资源的能力和水平。所以，雄安新区必将逐步成为优质资源配置的焦点区域，成为河北在京津冀都市圈发挥比较优势、接轨京津、扩大开放的前沿阵地，也必将成为河北最具活力的新的区域增长极。

（二）京津冀一体化是重塑河北经济增长的动力源泉

河北和京津不但地缘相接、人缘相亲，地域一体、文化一脉，历史渊源深厚、交往半径相宜，而且在产业结构、资源禀赋、发展基础等方面互补性很强，完全可以相互融合、协同发展。对于河北而言，环京津的区位是一个主要优势。京津冀一体化有利于河北承接首都的功能疏解，把基础设施做得更完善，把服务体系做得更健全，促进经济社会的繁荣发展；有利于承接北京的产业特别是高端制造业转移，进而加快河北的转型升级步伐，构建现代产业发展新体系；有利于承接首都的要素外溢，尤其是借助科技、人才资源，全面提高创新能力，重塑河北经济增长的动力源泉。

（三）“一带一路”拓展了河北新的发展空间

“一带一路”是我国将自身的产能优势、技术与资金优势、经验与模式优势转化为市场与合作优势，实行全方位开放的一大创新。随着“一带一路”的不断推进，丝路区域在全球经济中的重要性日趋凸显。河北要紧紧抓住处在“一带一路”东北亚咽喉的重要区位优势，借力“一带一路”拓展新的发展空间，进一步扩大对外开放，让过剩产能“走出去”，同时全力营造健康的发展环境，将引资和引智相结合，在更广范围内利用国内外两种资源、两个市场，提升河北的经济外向度。

（四）“互联网+”为河北发展提供新动能

推动“大众创业、万众创新”，促进互联网与各行业深度融合，是当前和未来一个时期推动经济增长的新引擎。特别是对河北而言，实体经济占较大比重，互联网经济发展滞后，但这也意味着互联网产业在河北的发展潜力巨大。当前重点是贯彻最近国务院常务会通过的《“互联网+”行动指导意见》，结合河北实际情况，制定落实国家“中国制造2025”和增强制造业核心竞争力三年行动计划，力推产业结构转型升级和经济发展方式的转变。

第二节　县域产业集群

县域经济是河北经济社会发展的重要战略支撑。2016 年，全省按照加快县域经济发展的总体要求，以富民强县为目标，大力发展县域经济，取得了良好成效，县域经济实力不断增强，为实现全面建成小康社会目标奠定了坚实基础。

2016 年，全省 122 个县（市）实现生产总值 19531.9 亿元，比上年增长 7.5%，比全省平均水平高 0.7 个百分点，总量占全省生产总值的比重为 61.4%。其中，第一产业增加值 2861.3 亿元，增长 5.6%，比全省平均水平高 2.1 个百分点；第二产业增加值 9408.8 亿元，增长 6.2%，比全省平均水平高 1.3 个百分点；第三产业增加值 7261.8 亿元，增长 10.0%，比全省平均水平高 0.1 个百分点。122 个县（市）三次产业比例为 14.6∶48.2∶37.2。

目前，河北共有 300 多个特色鲜明的县域产业集群，并且大多县域特色产业聚集地已经建起了特色产业电商交易平台，这为河北互联网金融的发展提供了很大的发展空间。河北县域产业集群建起的特色产业电商交易平台，具有稳定的客户资源和大量的数据积累，为互联网金融行业的发展奠定了坚实的基础。

近年来，河北全力打造县域特色产业交易平台及产业园区，如钢铁、煤炭等 9 个大宗商品和清河羊绒等 60 个县域特色产业交易平台正式运营，“中国板栗交易网”等 100 个单品平台先后上线，北国如意购、廊坊 366 网上商城等网络购物平台不断完善，跨境贸易电商平台加快建设，河北玛世“融贷通赢”等一批互联网金融平台悄然崛起。强化电商资源配置，推动电商企业聚集，正定慧聪网电子商务产业园、白沟箱包产业园等 7 家电商园区投入运营。清河羊绒、白沟箱包、安国药材、容城服装等耳熟能详的县域特色产业已经在消费者脑海中留下了深刻的印象。据了解，河北“中国搜丝网”“万户通箱包网”“清河羊绒交易网”等 30 余个县域特色电子商务交易平台已在行业内具备了一定的知名度及影响力，带动了当地县域经济特色产业的发展。

2017 年 8 月，河北省人民政府办公厅印发《河北·京南国家科技成果转移转化示范区建设实施方案（2017～2020 年）》。方案提出，要形成“京津研发、河北转化”的创新协作新模式，打造“一区 11 园”的空间布局。11 个园区包括石家庄国家高新区、保定国家高新区、固安高新区、白洋淀科技城、亦庄·永清高新区、霸州经济开发区、长城汽车科技园、高碑店国际创新园、涿州国家农业科技园区、任丘经济开发区和衡水高新区。方案指出，到 2020 年，基本建成创新要素集聚区、科技金融示范区、体制改革先行区、成果转化样板区，辐射带动全省产业结构调整和经济转型升级。到2030年，形成产业特色明显、功能布局合理、国内一流、国际知名的科技成果孵化转化中心。技术市场充分发育，各类创新主体高效协同互动，技术转移体制机制更加健全，成为创新型河北建设的重要引擎、京津冀协同创新的重要载体、具有国际影响力的创新型产业集群集聚区和全国科技成果转化的示范样板。

一、区域特色产业集群

目前河北各地区已形成344个产业集群，主要涉及冶金、建材、机制制造、医药化工、纺织服装、农产品加工、皮革皮毛、电子信息、电线电缆等多个门类，其中，清河羊绒、白沟箱包、辛集皮革、香河家具沙发、容城服装、安国中药材等已成为全国著名的县域特色产业群。

为推动科技型中小企业发展，省科技厅根据科技型中小企业成长规律，加强统筹协调，整合政策、资金、技术等创新要素向企业聚集，引导支持科技型中小企业数量扩张、规模做大、实力做强。

在营造政策环境方面，针对激活创新主体、优化资源配置、促进成果转化、鼓励创新创业等重点环节，加快创新政策的研究制定。在省级层面上研究起草了《关于推动企业增加研发投入提升企业技术创新能力的实施意见》和《河北省促进高等学校和科研院所科技成果转化暂行办法》。围绕政策落地，省科技厅在科技园区建设、科技人才引进、项目评审论证等方面，配套制定了一大批可操作、可监督、可考核的实施办法和规程。

积极搭建科技创新服务平台，着力改善中小企业创新创业环境，提高企业自主创新能力。目前，在石家庄生物医药、安国现代中药、衡水橡胶、安平丝网、黄骅模具、辛集皮革等区域特色产业基地，建立技术创新公共服务平台95个，投入经费金额1亿多元。这些平台拥有高端仪器设备3000台套，博士、硕士等高端人才队伍190人，拥有CNAS等检测资质认证的近20项，每年为上万家中小企业提供创新资源共享服务、技术创业孵化服务、技术转移、共性技术研发、技术咨询、试验检测、高端人才引进等服务，服务覆盖了河北区域特色产业集群和重点发展行业，形成了较完善的全省中小企业技术创新公共服务体系。

二、清河产业集聚

清河县是全国著名的特色产业集群，从上游已成规模的羊绒原料生产企业、中游主攻外贸或内需各有特色的羊绒制品企业，到下游多达2.3万家的电商商户，这里已形成一个完整而庞大的产业生态体系。除了“羊绒”这张最具知名

度的名片之外，清河的汽摩和有色金属产业也发展迅速。

清河的特色产业以羊绒为代表，都是从无到有、从小到大，长期处于依靠自我积累自发成长的状态。客观上，在企业比较弱小的时候依靠自有资金自给自足、稳扎稳打，能够降低生存风险，但当企业逐渐发展壮大，这种方式会越来越多地表现出制约发展速度的一面。很多清河企业不善于与金融机构打交道，从而错过了一些大的订单、好的机会。县政府积极引导企业与金融机构交流对接，主要目的是让清河企业打开思路、革新观念，引导企业善用金融资本。

羊绒产业的特点决定了很多企业存在短期流动资金缺口。羊绒产业淡旺季明显，每年4~8月是原材料羊绒的采购旺季、羊绒制品的销售淡季，由于“软黄金”羊绒价格高，通常企业总资金80%以上要花在原材料采购上，因此短期流动资金需求很大。而羊绒产业固定资产占比小、流动资产占比大的特点，使很多中小企业因缺乏抵押物而无法获得银行贷款。

2015年6月10日，河北信投在线、人文贷、易简贷、创利网、银点e贷5家互联网金融服务平台携手前往清河，同清河羊绒制品市场管委会及当地数十家企业负责人就投融资服务进行了对接座谈，并考察了纺纱和织衫两个行业的代表企业。这5家平台意在深入产业集群了解中小微企业需求，探索如何打造更接地气的互联网金融产品，更好地助力河北实体经济发展。

5家互联网金融平台均为河北省互联网金融协会发起单位。信投在线是全省首家国资背景互联网金融综合服务平台，定位支持河北实体经济、中小微企业和产业集群发展。其项目标的额多在500万~1000万元，融资期限一年以内，重在满足一定规模中小企业的大额资金需求。易简贷标的额在50万~300万元，贷款期限在半年以内，有车辆质押等多种灵活融资方式，并在石家庄、保定等地开设线下体验店。人文贷定位县域中小微企业，标的额20万~200万元，提供创业贷、港口仓单质押等特色融资服务。创利网面向22~60岁的创业者提供1万~100万元不等的无抵押贷款。银点e贷标的额300万元以下，同时涉足互联网金融教育领域，为企业提供人才支持。虽然产品定位不同，但5家平台均强调了一个共同特点“快”。互联网金融借款项目审批、放款比金融机构效率更高，关键时刻可为企业救急。

本土代表性互联网金融平台，与全省电商最为活跃的产业集群，它们之间的对接与碰撞，既是当下互联网金融快速发展、中小微企业积极寻求融资新渠道背景下的一次应时而动，也是一次“互联网+金融+产业”发展新思维的“试水”，为能够有效地促进河北互联网金融产业的发展提供了很好的机会。

三、平山北斗科技产业园

2015年1月20日，平山县政府与杭州中导科技、湖北心智科技两家公司在石家庄签订北斗智能终端产业发展战略合作协议，总投资 7.5 亿元的北斗科技产业园项目正式落户平山。北斗科技产业园项目位于平山县西柏坡经济开发区，由杭州中导科技开发有限公司与湖北心智科技发展有限公司共同打造。产业园集北斗产业终端制造、科技研发、市场推广、金融服务、技术培训五大板块于一体，将力争建设成为覆盖华北、辐射全国的北斗导航产业集群。

四、廊坊特色园区承接北京产业转移

随着京津冀一体化进程的落实，一些之前身处北京的产业开始迁出。在地域上紧接京津的河北省廊坊市不仅拥有得天独厚的地理优势，且一些特色产业园区如电子信息、装备制造、机器人等产业集群已初具规模，具有一定的优势。

（一）承接服务业

自京津冀一体化之初，就把服务业中的批发市场和物流基地作为疏导的重点。北京区域性批发市场、物流基地多是以服务京外需求为主的大宗商品集散地，聚人多、占地多，属于典型的非首都功能。据了解，2015 年北京市计划清退、转型 150 个市场，其中清退拆除 80 个，转型升级 70 个。上半年各区县已清退拆除 60 个，升级改造 10 个。而这些批发市场中的部分商户在一年前就开始落户廊坊。

“动批”、大红门、天皓成等之前市场林立、商户聚集、顾客盈门的著名批发市场，已经跟廊坊地区的园区对接，成批的商户开始转移阵地。

2014 年 5 月 16 日，来自北京大红门地区的 8 家批发市场在永清举行签约仪式，落户永清国际服装城。2015 年元旦，地处廊坊市核心地区的“新动批红门服装城”开业，该商城近千家商户中 70% 来自之前的“动批”和大红门服装批发市场。廊坊地区正在承接着越来越多北京迁出的批发市场和物流基地，而这些服务业的迁入，也为当地的经济注入了活力，刺激了当地经济的发展。

（二）地域、土地面积优势明显

廊坊市位于中国首都北京和中国最大的港口城市天津两大国际城市之间，主城区距北京城区 40 千米，距天津城区 50 千米，素有“半小时进京下卫，一小时上天入海”之说。100 千米半径的范围内包括两个运营中的国际机场、一个特大货运港口以及数条高速公路、国家级公路和省级公路。定位为亚洲最大航空枢纽港的北京新机场，距廊坊主城区仅 25 千米，将成为世界各地人士来亚洲的主要通道。

除了地理位置，能为出京产业提供相对之前更为充足的土地面积，也是廊坊市的优势之一，而且这些土地已经以园区形式准备就绪，面向出京企业虚席以待。

目前，廊坊市省级以上园区发展到 39 个，数量和面积均居河北省第一。其中，包含廊坊经济技术开发区、燕郊高新技术产业园区、河北三河国家农业科技园区 3 个国家级开发区。各类园区承接了廊坊市 80% 以上的新引进项目，集聚了 70% 以上的产业，省级以上园区实现财政收入、利用外资、固定资产投资分别占到全市的 64. 1% 、88% 和 78. 6% 。

为给承接京津产业转移做好充足准备，廊坊市政府在 2014 年就开始了土地清理集中行动，其目的是通过调查清理和处置园区闲置土地，促进土地有效开发利用，提升国土资源管理水平与资源保障能力。廊坊市已对园区土地利用情况进行全面摸底，将对土地闲置 2 年以上的园区项目全部清理，力争将闲置 3 年以上土地的项目集中收回，且今后每半年集中清理一次。

（三）特色园区使产业集群优势初具

在承接出京产业中，廊坊市不仅吸纳了服务业，还在产业集群方面形成了一定优势，如廊坊市电子产业园、固安装备制造产业园、香河机器人产业园等都已初具规模。

廊坊的电子信息产业有很好的发展势头，华为、富士康、京东方、微软等一大批龙头企业齐聚廊坊。数据显示，2014 年全市电子信息产业总值达到 280 亿元，年均增长 16. 8% ，增长速度和营业收入连年稳居河北前列。廊坊市将创新驱动作为未来发展的核心战略，特别是 2015 年 9 月提出了“一十百千万”工程，即编制一个《全国科技创新成果孵化转化示范区建设规划》，搭建十大创新平台，新增科技型中小企业 1000 家，引进培育万名科技人才，这将进一步促进电子信息产业在廊坊的发展。

在装备制造业方面，固安工业园区把握京津冀协同发展的主流趋势，聘请国际著名咨询公司从价值链分析、资源匹配分析、产业集群分析等维度对区域产业进行了系统的分析，确定了优先发展汽车零部件制造业、高端装备制造业等市场前景广阔、发展潜力巨大的优势产业。经过近年来的发展，目前固安工业园区以正兴车轮、汉和机械为代表的汽车零部件产业集群及以航天振邦、诚田恒业为代表的高端装备制造产业集群已经形成且具有一定规模。

相对于其他产业的多年发展，香河产业园的机器人产业集群的雏形初显只用了一年左右的时间。2014 年，廊坊市香河县提出大力发展机器人产业，至今已经有多家相关企业入驻。园区不仅是一个机器人企业的大聚合，而且是一个能形成完善产业生态链的产业集群。在招商引资过程中，香河不是盲目而是精准选择，看重集群发展，引进的企业不仅有研发机构、零部件生产商，而且还有机器人本体制造、系统集成商等。这些企业在技术上可以共克难关，在产品上可以互通有无，能形成共生模式。

香河经济开发区机器人产业园一期已经建成，将来入园企业投资将达4亿元，包括医疗服务机器人、建筑安装机器人、无人机、机器人等项目，涉及机器人产业链中的控制系统、伺服电机、减速器、系统集成及示范应用等多个领域。

而产业集群之路廊坊将会继续走下去。资料显示，廊坊地区已经建成或正在建设的产业集群已达近80个。未来，廊坊将培育百个产业集群。

五、保定市与北京市丰台区合作共建产业园区

2015年7月18日，北京市丰台区与河北省保定市合作签约共建产业园区，丰台区将与保定满城共建“中关村丰台园保定满城分园”。园区内将囊括高端装备制药、新能源、新材料等众多高新技术产业链及休闲度假等生态休闲发展产业链。7家企业将落户“中关村丰台园保定满城分园”。

这是落实京津冀协同发展重大国家战略的具体行动，将有力地推进京津保地区率先联动发展。

六、威县·顺义产业园区

威县·顺义产业园区位于威县经济开发区内，东依大广高速及高速生态林带，西邻跨越路及绿化带，北靠县城背景林带和东风渠，南面县城迎宾大道，主要承接北京市顺义区外迁的装备制造、农产品深加工和商贸物流等产业项目。

按照双方签署的园区框架协议，顺义区负责制定鼓励当地企业赴威县开展经贸合作政策，定期组织当地知名企业到威县投资考察，引导企业入驻园区；威县负责园区“十一通一平”基础设施建设，提供全方位、保姆式的优质服务。目前，双方共同组建了园区管委会，制定和完善了各项管理制度和运行机制，按照“一体规划、区域开发、单元实施”的思路，启动园区建设和招商工作。

顺义区是北京市重要的制造业基地，当前面临着加快产业自身转型升级，以更好地服务于区域功能定位的新形势。威县地理位置优越、交通条件便利、发展势头迅猛。威县和顺义区确定双方将充分发挥各自优势，实现顺义区的产业、科技、人才、管理、资金、信息等优势与威县的生态、资源、劳动力等优势的互补和融合，积极开展两地在新型工业、现代农业、科技创新等领域的友好合作。

七、保定容城服装工业园区

容城服装工业园区有服装企业40家，从业人员9700人，总投资达5亿元，年产值10.1亿元，年缴税金1200万元。园区产业特色明显，基础设施完备，园区内路网纵横，金融、通信等服务机构健全。目前，大河镇被列为省级小城镇改革试点镇，随着改革的逐步深入，必将形成小城镇改革和园区互动的积极效应，

有利于企业的进一步发展。

容城采取市场运作、整体规划、分步实施，滚动发展的路子，把大河服装工业园区建设成为集服装生产、研发、培训、展示、销售于一体的产业基地和辅料供应于一体的服装集散地，使之成为拉动全县服装业发展的载体和促进服装产业升级、产业结构调整的“助推器”，建成容城服装产业的集中展示平台。

服装产业是容城的传统主导产业。容城服装企业通过主动运用“互联网+服装产业”营销模式，保持生产销售业绩增长。当前，服装业普遍面临着用工成本日益增加、消费者个性化需求明显增强等新情况，这些都决定了容城服装业必将由传统成批量的生产加工模式，转向智能化、个性化生产模式。为此，容城借助“互联网+”助推服装产业提档升级，组织服装企业管理人员到外地参观学习，并聘请专家学者进行培训；研究制定“互联网+服装产业”相关扶持政策，引导和鼓励服装企业主动运用互联网拓展业务。目前，借助互联网平台，该县大量服装企业从事市场信息发布、产品研发、网上商城、技术咨询等业务，服装企业电子商务普及率已超过80%。

八、枣强大营皮草园区

枣强县大营镇，被誉为“天下裘都”，是衡水第一经济强镇。

皮毛业是大营的传统产业、优势产业、支柱产业，近年来有了跨越式发展，到目前，大营现拥有皮毛企业和摊点1.1万个，年产值100万元以上的规模企业327家，千万元以上的企业73家，固定门店2160个，流动及固定摊位7000多个，全镇皮毛业的加工产值占工农业总产值的83%，农民家庭收入的90%来自皮毛业，经营的皮毛种类主要有生皮、熟皮、半成品、裘皮服装、饰品、剪绒、工艺品七大系列4000多个品种，远销东欧、北欧、北美、东南亚等50多个国家和地区。全镇拥有毛皮加工企业达14000多家，从业人员15万人，在国内外的皮草市场上，活跃着1000多人的经营队伍。以大营为中心，已经辐射到周边5个市县400多个村庄，形成了方圆近百里的毛皮产业集群，成为我国最大的毛皮生产加工基地，在国际皮草行业中占有重要地位，大营皮草产品以裘皮服装为龙头，以各种裘皮半成品、制品为基础，辅之以生、熟皮及碎料市场，形成了我国产业链最完整皮草特色产业基地。

（一）集群优势资源互补

为促进行业发展，尽快形成产业集群，枣强县规划了皮毛工业区，投资1.1亿元加速了基础设施建设，实现了“七通一平”，即路、电、讯、上水、下水、有线、宽带通、地平整，目前已有77家企业进区，45家企业已投入生产，固定资产总投资达3.07亿元，其中投资千万元以上的企业4家，500万元以上的企业

11 家。恒兴、竞佳、富尔派、双狮、冰蝴蝶、维罗纳等十几个品牌的裘皮服装畅销国内外市场。

以大营镇为中心，四周分布着几大产业集群：北面有尚村生皮集散中心、留史皮毛基地，西面有辛集皮衣之都，南面有清河羊绒之城。几大产业集群相互错位，又密切联系，更加巩固了大营皮草产业旺盛的生命力。

（二）大营皮草网上“淘宝”拓市场

为推进电子商务基地建设，大营镇依托国际裘皮新城，吸引县内外电子商务等企业入驻，打造集商品贸易、平台建设、物流配送、融资支持等多功能、多业态于一体的电子商务基地，并重点打造了买皮网、大营皮草等电子商务平台，引导经营业户把销售的触角伸向网络，拓宽裘皮制品的销售渠道。

为规范网上销售行为，打造诚信平台，枣强县制定了严格的网店经营制度，规定了“三不准”：无注册商标的产品不准网上销售，没有标示原材料的产品不准网上推介，质量不合格的产品不准网上交易。严格规范的管理，使各网店形成了浓厚的诚信经营风气，“诚信”也成就了一批精品网店——凝天裘缘皮草、岚诺奢华皮草、裘中贵族皮草、美研皮草等成为其中的佼佼者。

裘皮电子商务的兴起，不仅为广大经营户拓宽了销售渠道，也带动了裘皮深加工规模迅速扩大。

电子商务与县域特色产业的融合，为县域特色产业提供了全产业链服务，借助互联网这个现代化的工具，可以让产业优势得到更大发挥，并通过资源整合，优化链条，引导升级，整体提升县域特色产业的核心竞争力，最终达到县域经济转型升级的目标。同时，由于县域经济的发展，电子商务与县域特色产业的融合，为互联网金融的发展提供了很好的根基，借助县域经济的快速发展，为河北做大做强互联网金融奠定了坚实的基础。

第三节 互联网企业和传统金融机构的融合与嫁接

互联网企业进军金融业对传统银行业带来挑战的同时，二者也是互相促进、共同发展的关系。互联网金融的快速发展带来了开发合作的契机。金融机构和互联网企业，通过共设子公司等形式，共享牌照、研究、平台、技术、数据积累方面的优势。品牌离不开金融创新，而金融创新离不开信息技术的发展，所以银行必须把信息技术作为一种支撑，大型传统金融机构与互联网企业非常有必要进行合作。互联网金融并非是互联网对传统金融的简单的取代，而是技术与金融深度的融合。在互联网金融的时代，互联网金融与传统金融业存在竞争的同时，互联网企业与传统金融机构之间的合作也是从未间断，二者之间不断融合，实现优势互补。在石家庄、廊坊等金融机构和互联网企业较聚集的地区，已经涌现了互联网企业和银行、证券、保险等传统金融机构的融合与嫁接，当地政府正酝酿出台支持互联网企业发起或参与设立互联网金融服务企业的措施。这均为河北省互联网金融产业的进一步发展提供了有利的条件。

一、人文贷与河北银行合作

2015 年 7 月 18 日，央行等十部委联合印发《关于促进互联网金融健康发展的指导意见》，意见中明确提出的“为规范互联网金融市场秩序，除另有规定外，从业机构应当选择符合条件的银行业金融机构作为资金存管机构，对客户资金进行管理和监督，实现客户资金与从业机构自身资金分账管理”几点要求。为践行这一要求，2015 年 7 月 30 日，人文贷与河北银行签订资金库管协议。这是互联网金融指导意见出台后河北首家网贷平台与银行签订合作协议。

人文贷与河北银行达成资金存管的合作，是继央行等十部委联合印发的《关于促进互联网金融健康发展的指导意见》出台之后，全国第一家与银行签约的 P2P 网络借贷平台，同时也是河北省首家与银行签订合作协议的 P2P 企业。人文贷与河北银行还将在大数据征信领域展开合作，甚至未来将通过河北银行的渠道开展多元化的金融创新合作，为投资人提供诸如信托、资管、保理、融资租赁等等金融服务。河北银行和人文贷的合作经过了实地调查，并通过大数据调查和深度搜索，以及第三方网贷机构的评级反馈。

二、“积木盒子”与河北融投担保集团合作

2014 年 7 月 28 日，河北融投集团控股子公司河北融投担保集团与 P2P 网络投融资平台“积木盒子”签署战略合作协议，意在互联网金融领域重点推进河北中小微企业融资服务，首批 6 个项目已上线，河北融投参与的这些项目授信额为 1000 万元、融资从 500 万元开始。

河北融投与积木盒子的战略组合是国内首个大型担保平台与互联网金融平台携手，可谓行业之先河。积木盒子的“项目稳健”“数据真实”“注重安全”等经营理念先进，而且运转以来从未出现逾期或坏账的风控能力。数据显示，积木盒子自 2013 年 8 月上线以来，成交金额已突破 5 亿元。平台主要产品包括经营类贷款和抵押消费类贷款。

融投担保是河北最大的综合型、龙头型担保公司，河北融投担保集团与传统金融机构的合作已经具备相当规模。据了解，河北融投目前资产规模已达 43.6

亿元，早在2012年，河北融投已引进基金20多亿元，引进信托10多亿元，社会综合融资能力达550亿元，从资本金规模上讲已是全国最大的担保公司之一，并与多家贷款公司、投资咨询公司建立合作关系，开展融资担保业务。

业界认为，河北融投与积木盒子的合作将对河北新型金融市场的变革与发展产生深远影响。双方将联合控制借款人风险，同时河北融投将与积木盒子共享渠道，降低融资综合成本。另外，积木盒子平台上将会设立“河北融投项目专区”，专区内中小企业的借款项目由融投集团推荐并提供全额本息担保。

三、融投贷与贵州银行合作

2017年5月3日，河北安凯资本旗下的融投贷与贵州银行“银行存管”战略合作签约仪式在位于贵阳的贵州银行总部举行。这是河北第二家P2P网络借贷平台接入银行存管。有了银行存管的接入，P2P网络借贷平台将实现客户资金和平台资金的完全隔离，客户的账户信息和资金流向都将受到银行的监督。资金存管为客户资金安全增加了“安全阀”，可以最大限度地降低客户资金安全风险。

随着2016年8月24日《网络借贷信息中介机构业务活动管理暂行办法》的出台，银行存管已经成为对互联网金融平台的标配要求。银行存管是银行业作为存管人，对网贷机构行使开立专户，资金保管、清算、信息披露等职责的业务，从而确保了客户网络借贷资金和网贷机构自有资金分账管理。融投贷的每个客户都会单独开通个人专属的贵州银行存管电子账户，并由贵州银行负责资金存管，更大程度地保证了客户的资金安全。

融投贷作为河北省内始终秉持“规范运营”的互联网金融平台，凭借自身金融界的强大实力以及三年稳健运营取得的众多成就，成为贵州银行存管业务合作伙伴。同时，在全国2000余家正规互金平台中，融投贷也属于业内接入银行存管为数不多的平台之一。此次融投贷与贵州银行资金存管的达成，是融投贷战略规划中坚实重要的一步。

四、大型银行与现有电商平台合作

（一）平安银行与eBay合作

2013年8月15日，中国平安宣布携手eBay推出一款在线网络贷款产品“贷贷平安商务卡”。该产品的贷款利率每天0.045%~0.055%，贷款循环额度在100万元以内，为无抵押、无担保的纯信用贷款，按天计息、可在线随借随还。产品目前针对eBay平台上的中小外贸电商，被视为阿里金融旗下阿里小贷的强力挑战者。相比之下，该产品的优势在于通过平安银行放款，资金规模远超出阿里小贷数个量级，但其针对客户群体规模不及淘宝商户大。

目前 eBay 并不向平安收取介绍客户或提供数据的手续费用，旨在扶持中国卖家通过 eBay 将“中国制造”产品直接销售给世界各地的消费者。eBay 强调：“在此次与平安的合作中，eBay 主要起到平台与桥梁作用，不收取任何中间费用，践行不与卖家争利的承诺。”

（二）交通银行与阿里巴巴合作推出“交行淘宝旗舰店”

交通银行与阿里巴巴集团签署全面战略合作协议，双方将共同创新金融服务模式，以电子支付为基础、以中小企业在线融资为亮点，为客户提供全新的电子商务和电子银行服务。

信息化和电子商务的发展正在改变传统的经济形态，为适应客户金融行为从线下向线上迁移的特性，商业银行深度拓展网上银行业务已成为一种趋势。为此，交通银行为进一步提升电子银行服务能力，通过与阿里巴巴集团的全面战略合作。2012 年 7 月 23 日，交通银行与阿里巴巴共同宣布推出“交通银行淘宝旗舰店”，并开设“e 贷在线”阿里巴巴店，为客户提供综合性金融服务，并为个人和中小企业提供信贷产品。

通过“交通银行淘宝旗舰店”（jtyh. tmall. com），用户可以直接购买交行提供的各类产品及服务，实现金融产品的网上交易。据介绍，“交通银行淘宝旗舰店”首期开放的内容包括贵金属、基金、保险、个人/小企业贷款、贵宾客户服务、借记卡 6 个频道。

用户可在线浏览交行各类贵金属产品，并通过支付宝下单购买。此外，用户可通过“交通银行淘宝旗舰店”中的淘宝旺旺进行在线咨询，并立即获得交行客服中心工作人员的在线解答。如有进一步的专业问题或需求，用户还可使用“在线预约”功能，交行客户经理将及时跟进服务。

（三）光大银行进驻淘宝开办网上营业厅

2013 年 1 月，光大银行将银行最主流的金融产品——存款搬到了淘宝上，相当于光大银行在淘宝这个虚拟的商业地产里开一个网点。虽然此前也有交行在淘宝上销售贵金属，有基金和保险公司在淘宝上销售基金和保险产品，但将最主流的银行产品——存款放到淘宝上销售的，光大银行是首家。

对淘宝商圈而言，光大显然是一个特殊的“商户”，“定存宝”也是一件特殊的“宝贝”，传统的银行和支付宝之间的手续费，支付宝和商家之间的回佣如何在“定存宝”等金融产品销售中体现，这需要双方精细化的计算。“定存宝”这款产品认购价格最低为 50 元，定存资金 T + 0，利息自动滚存，存款利息为一年期 3. 3%，也即基准利率上浮 10%。这其实就是光大银行发行的定期储蓄。

在认购过程中，有开通交易账户一项，即开通并关联金融系统电子交易账户，通过电子交易账户，实现理财产品购买。这需与卖家签订相关交易许可协议。交易只可以选择储蓄卡不可以选择信用卡付款。

（四）中信银行与财付通合作

2013 年初，国内领先第三方支付公司财付通与中信银行全面展开深度战略合作。合作内容约定，双方除了传统的资金结算服务外，还在电子产品、网络授信与融资、联名卡、资金融通、备付金业务、理财业务、资源共享、联合研发及营销等多个方面展开合作，这标志着财付通与中信银行将全面建立更加稳定的长期金融合作关系，进一步完善双方金融服务体系。

（五）兴业银行与蚂蚁金服合作

2015 年 6 月 12 日，兴业银行与蚂蚁小微金融服务集团签署战略合作框架协议，正式建立战略合作伙伴关系。由此，兴业银行成为首家与蚂蚁金服签订战略合作协议的商业银行。

兴业银行与蚂蚁金服前期已在支付结算、客户/商户服务、资产平台等方面建立了较为深入的合作关系。基于战略合作关系，双方将在现有业务合作的基础上，将合作范围与深度进一步拓展至渠道互通、业务互补、产品共建、客户共享等具有增值效应的领域，优化和共营投融资平台及服务，开发新型获客途径，包括但不限于服务窗、跨行代扣、小额资产转让、消费金融、资产证券化、新型支付服务等；共同开发智慧医疗、智慧教育、智慧城市等公共服务智能化领域业务，推动普惠金融、跨境金融领域合作发展。

第四节　政府支持

互联网金融是一个巨大产业发展机会，是一种趋势，更是一个新的时代。在互联网金融发展的过程中，不管是选择市场主导型还是政府推动型的路径，都离不开政府的支持，政府在其中的作用都是不可忽视的。就河北目前看，由于金融市场并不完善，政府相关政策的支持能够有力地推动河北互联网金融产业的发展，明确各区域或地区互联网金融产业的发展方向和目标。

从 2013 年开始，河北各地政府积极开始互联网金融产业布局，引进互联网金融相关项目，以政府的主导力量快速带动新兴产业的发展。

一、出台政策，促进互联网金融发展

2014 年 6 月，河北省政府办公厅印发《河北省电子商务发展 3 年推进计划（2014 ~2016 年）》，提出将加快全省电子商务发展，建设和完善互联网金融平

台、大宗商品电子商务交易平台、网络购物平台、跨境贸易电子商务平台、县域特色产业电子商务交易平台、单品电子商务交易平台。创建一批互联网金融平台，围绕互联网个人对个人借贷（P2P）和网上融资业务，打造互联网金融创新服务体系。

2014 年 12 月，河北省人民政府印发《关于加快金融改革发展的实施意见》，明确指出互联网金融是当前经济发展的热点之一。该《意见》提出，要发展互联网金融，成立河北省互联网金融行业自律组织，研究制定行业准入门槛和行业标准，在防范风险前提下，打造一批 P2P 和众筹类企业；支持一批传统金融企业发展互联网金融业务；鼓励互联网企业和金融企业融合发展；支持社会资本发起设立互联网金融产业基金，鼓励各类机构投资有发展潜力的互联网金融企业，探索建设互联网金融产业聚集区。

2015 年 12 月，河北省出台了关于推进“互联网 +”行动的实施意见，支持包括 P2P 在内的互联网金融行业发展。

第一，积极发展普惠金融。鼓励发展以互联网为载体、符合国家监管要求的网络银行、第三方支付、P2P 网络借贷、众筹融资等新型金融业态和融资平台，支持有条件的企业依法申请金融业务许可或经营资质，培育发展一批互联网金融骨干企业；鼓励大型互联网企业在河北设立小额贷款、融资担保、融资租赁、商业保理等新型金融企业；允许主要从事互联网金融业务的企业在名称中使用“互联网金融”或“网络金融”字样；推进石家庄正定新区和保定金融一条街建立互联网金融产业集聚区。

第二，拓宽互联网金融企业融资渠道。鼓励河北创业投资基金、产业投资基金和其他类型的私募股权投资基金投资于互联网金融企业；充分发挥有关省级产业引导股权投资基金作用，积极与有投资意向的社会资本洽谈合作，共同设立子基金支持互联网金融企业发展；重点扶持一批本土金融服务平台做大做强，支持互联网金融企业在境内外多层次资本市场挂牌上市。

第三，推动传统金融企业创新发展。鼓励省内各类金融机构开展互联网金融领域的产品和服务创新，在更广泛的地区提供便利的存贷款、支付结算、信用中介平台等金融服务，缩短业务流程，提高服务效率，为实体经济发展提供有效支撑；支持金融机构和互联网企业依法合规开展网络借贷、网络证券、网络保险、互联网基金销售等业务；支持银行业金融机构发展互联网消费信贷业务，建设网上金融商城；支持省内在线供应链金融服务公司与银行机构合作，开展针对跨境电子商务的应收账款、应付账款、仓单质押等在线供应链金融服务。

第四，优化互联网金融生态环境。推动京津冀金融机构数据资源整合，共同建立区域金融云服务平台；推动建立京津冀同城化支付清算系统，推进金融 IC

卡在京津冀城市公共交通等方面应用；加强互联网金融领域信用体系建设，对接全省社会信用信息共享平台，利用大数据发展市场化个人征信业务，促进公共信用信息、金融信用信息、社会信用信息共享共用；建立省互联网金融产业发展联席会议制度，健全互联网金融安全体系，加强分类监管，引导规范互联网金融企业健康有序发展。

布局互联网金融产业，其中最重要的是打造互联网金融集聚区，引导和支持互联网金融企业落户金融集聚区。

二、省政府产业引导基金入股河北互联网金融企业

为了贯彻落实深化财税改革的要求，充分发挥市场机制作用，推动经济结构调整和产业转型升级。河北省政府委托河北信投集团成立电子商务产业引导基金，其中的电子商务基金是专门针对电子商务产业、平台等优质企业设立的，旨在发挥政府引导基金的投资杠杆作用，缓解中小企业融资难，为河北产业转型升级和经济发展做贡献。

其中，河北中创电子商务股权投资基金（河北信投集团旗下），规模为 2 亿元，重点投资于河北的电子商务产业、平台及电子商务园区（基地）、产业链上下游优质企业。电子商务产业引导基金首投互联网金融平台人文贷，并将其作为重点投资发展企业，这意味着国有资本在支持河北互联网金融行业的发展方面不仅表态支持，而且做出了实际的行动。

河北信息产业投资集团有限公司是经河北省人民政府批准成立，由省国资委实施国资监管、省工信厅进行业务指导的省级大型投融资机构。肩负着壮大河北优势产业、推动工业化与信息化有效融合、加快经济发展方式转变、助力产业集群转型升级等职责。集团坚持“以信息化带动工业化，以工业化促进信息化”，充分发挥资本的带动和放大作用，通过市场化、专业化运作，聚合、引导社会资本，积极推进项目投资和并购重组，有力支持全省工业和信息产业发展。

通过组建政府引导基金，采取有限合伙形式，政府引导、市场运作、专业管理，吸引、聚合社会资本共同参与，充分发挥政府资金的杠杆作用，不仅可以有效提升政府引导资金的实力和效率，改拨为投，引导股权投资基金，也将撬动更多的社会资本参与河北互联网金融企业的发展。

人文贷作为河北最具代表性的互联网金融企业，一直秉持着诚信、稳健、务实、创新的价值观，为客户提供优质的投融资服务。自上线以来已经为河北省的特色产业集群作了重点帮扶工作，推动数十个县域特色产业转型升级，为河北县域经济的发展做出了贡献。这深度契合电子商务产业引导基金的初衷，在未来的发展目标上两者不谋而合。这也是电子商务产业引导基金将人文贷作为优质的投

资目标的原因。

三、大力推进农村互联网金融

（一）建立首家涉农互联网金融平台

为了落实中共中央、国务院《关于深化供销合作社综合改革的决定》精神，稳步开展农村合作金融服务工作，河北省供销合作社成立了河北省新合作金融服务有限公司。

2015 年 7 月 3 日，河北省新合作金融服务有限公司成立的河北省供销合作社新合作金融服务平台——“新合作金融”正式上线，将为新型农业经营主体提供低成本的融资服务，成为河北首家涉农互联网金融平台，已被列为“中国国资系互联网金融行业联盟理事单位”。

该平台可为省内中小农业企业、农民专业合作社等新型农业经营主体提供低成本的融资服务，同时发布民间借贷信息，通过聚集银行、保险等金融部门理财产品，整合农村合作金融体系，为农民提供多种金融产品和增值服务。平台将依托全省供销合作社完整的组织、经营、服务体系和庞大的社员群体，利用合作经济组织的形式整合社会资本，撬动更多社会资金投向农业新型经营主体，破解农民合作社等农业新型经营主体融资难、融资贵等难题。目前，已在全省市、县两级供销合作社设立了 80 余家分支机构，初步搭建起了覆盖全省的互联网金融服务网络。

（二）大力促进电商进村，推广“电商扶贫”

为加快发展农村电子商务的意见，支持电商、物流、商贸、金融等各类资本发展农村电子商务，河北省印发“电商扶贫”文件，通过在贫困村设立电商扶贫实验基地、采取“平台 + 园区 + 培训”等方式，整合贫困地区优势产品对接市场。

政策层的重视、移动互联网的下沉发展，以及工业品下行、农产品上行的趋势将进一步激发农村电商市场的潜力，而电商巨头纷纷将目光集中到县域，将会是完善农村电商基础设施、带动产业发展的机遇。

第五章　制约河北互联网金融产业发展的不利条件

河北的互联网金融机构不仅数量少，而且形式单一，这制约了河北互联网金融的发展。尽管河北有 28 家 P2P 网络借贷平台，但同互联网金融发达的广东、浙江、北京、上海等省市比较，P2P 网络借贷平台的数量仍还较少。而且，河北的互联网金融机构形式单一，大多为 P2P 网络借贷平台，是依托安平的丝网、高阳的纺织、清河的羊绒等特色区域产业搭建起来的。此外，第三方支付严重滞后需求、信用体系空白、互联网金融人才的匮乏也是制约河北省互联网金融产业发展的不利条件。

第一节　互联网金融机构数量少、形式单一

一、P2P 网络借贷平台数量少、问题多

截至 2017 年 7 月，河北省正常运营的 P2P 网络借贷平台为 28 家，而北京为 369 家，上海为 288 家，浙江为 232 家，广东为 380 家。与互联网金融发达的北京、上海、广东、浙江等省市比较，河北互联网金融机构数量仍还较少，且质量不高。数据见表 5－1。

表 5－1　部分省份 P2P 网络借贷平台

省、市、区	累计上线平台数量	正常运营平台数量	累计问题平台数量（含停业、提现困难、跑路、经侦介入、转型）	问题平台占累计上线平台比（%）
北京	736	369	367	49.86
上海	677	288	389	57.45

续表

省、市、区	累计上线平台数量	正常运营平台数量	累计问题平台数量（含停业、提现困难、跑路、经侦介入、转型）	问题平台占累计上线平台比（%）
浙江	603	232	371	61.53
广东	1022	380	642	62.81
河北	146	28	118	80.82
全国	5843	1984	3859	66.04

资料来源：网贷之家。

由表5－1可知，截至2017年7月：

（1）全国累计上线P2P网络借贷平台数量为5843家，河北累计上线P2P网络借贷平台数量为146家，仅占全国上线P2P网络借贷平台数量的2.50%。而北京累计上线P2P网络借贷平台数量为736家，占全国上线P2P网络借贷平台数量的12.60%；上海累计上线P2P网络借贷平台数量为677家，占全国上线P2P网络借贷平台数量的11.59%；浙江累计上线P2P网络借贷平台数量为603家，占全国上线P2P网络借贷平台数量的10.32%；广东累计上线P2P网络借贷平台数量为1022家，占全国上线P2P网络借贷平台数量的14.99%。

由此可见，虽然河北的累计上线P2P网络借贷平台数量不断增长，但占全国累计上线P2P网络借贷平台数量的比例仍然较小，比北京、上海、浙江、广东占全国累计上线P2P网络借贷平台数量的比重分别少10.1个、9.09个、7.82个、6.31个百分点。

（2）全国正常运营P2P网络借贷平台数量为1984家，河北正常运营P2P网络借贷平台数量为28家，但仅占全国正常运营P2P网络借贷平台数量的1.23%。而北京正常运营P2P网络借贷平台数量为369家，占全国正常运营P2P网络借贷平台数量的18.60%；上海正常运营P2P网络借贷平台数量为288家，占全国正常运营P2P网络借贷平台数量的14.52%；浙江正常运营P2P网络借贷平台数量为232家，占全国正常运营P2P网络借贷平台数量的11.69%；广东正常运营P2P网络借贷平台数量为380家，占全国正常运营P2P网络借贷平台数量的19.15%。

由此可见，河北运营P2P网络借贷平台数量也有了较快增长，但占全国运营P2P网络借贷平台数量的比例仍然较小，比北京、上海、浙江、广东占全国运营P2P网络借贷平台数量的比重分别少17.37个、13.29个、10.46个、17.92个百分点。

恩恩你回家之后我们也快回了哈哈（3）全国累计问题P2P网络借贷平台数量为3859家，河北累计问题P2P网络借贷平台数量为118家，占全国累计问题

P2P 网络借贷平台数量的 3.06%。而北京累计问题 P2P 网络借贷平台数量为 367 家，占全国累计问题 P2P 网络借贷平台数量的 9.51%；上海累计问题 P2P 网络借贷平台数量为 389 家，占全国累计问题 P2P 网络借贷平台数量的 10.08%；浙江累计问题 P2P 网络借贷平台数量为 371 家，占全国累计问题 P2P 网络借贷平台数量的 9.61%；广东累计问题 P2P 网络借贷平台数量为 642 家，占全国累计问题 P2P 网络借贷平台数量的 16.64%。

北京、上海、浙江、广东占全国累计问题 P2P 网络借贷平台数量的比重远远高于河北省占全国运营 P2P 网络借贷平台数量的比重。由于导致这一现象是河北省上线 P2P 网络借贷平台数量过少造成的，因此并不能说明河北 P2P 网络借贷平台的质量远远优于北京、上海、浙江和广东。

（4）全国累计上线 P2P 网络借贷平台数量为 5843 家，累计问题 P2P 网络借贷平台数量为 3859 家，问题平台占上线平台的 66.04%；河北累计上线 P2P 网络借贷平台数量为 146 家，累计问题平台数量为 118 家，问题平台占上线平台的 80.82%；而北京累计上线 P2P 网络借贷平台数量为 736 家，累计问题平台数量为 367 家，问题平台占上线平台的 49.86%；上海累计上线 P2P 网络借贷平台数量为 677 家，累计问题平台数量为 389 家，问题平台占上线平台的 57.45%；浙江累计上线 P2P 网络借贷平台数量为 603 家，累计问题平台数量为 371 家，问题平台占上线平台的 61.53%；广东累计上线 P2P 网络借贷平台数量为 1022 家，累计问题平台数量为 642 家，问题平台占上线平台的 62.81%。

由此可知，河北问题 P2P 网络借贷平台的出现率远高于北京、上海、浙江和广东等互联网金融比较发达的省市，也远远高于全国平均比率。这说明河北 P2P 网络借贷平台的质量较差。

综上可知，河北上线的 P2P 网络借贷平台数量在不断、快速增长的同时问题平台数量也在不断地增长，且增长速度超过了 P2P 网络借贷平台数量的增长速度。从目前 P2P 网络借贷平台发展看，河北整体 P2P 网络借贷平台发展状况是比较落后的。

二、河北无 P2P 行业巨头的原因

（一）小额贷款公司的发展抢了 P2P 网络借贷平台的发展机会

地理位置上作为京津冀的一员，北京、天津的 P2P 网络借贷平台发展得如火如荼，但河北网络平台发展得却不尽如人意。第一网贷系统显示，截至 2016 年 12 月末，全国共有小额贷款公司 8673 家，其中，小额贷款公司数量最多的地区分别是：江苏 629 家，在全国占比 7.25%；辽宁 559 家，在全国占比 6.45%；河北 450 家，在全国占比 5.19%（见表 5－2）。河北的小额贷款公司在数量上仅次

于江苏和辽宁，排名全国第三。由于小额贷款公司的业务模式发展稳定，因此没有给 P2P 行业留下太多的发展机会。省内某著名小额贷款公司的日平均交易额在 1 亿元左右，该公司正常运营 4 天正好等于省内最早的 P2P 网络借贷平台全部的交易量。本地居民习惯了把钱交给小额贷款公司打理，也就影响了本地 P2P 网络借贷平台的发展。

表 5－2 全国小额贷款公司数量

省、市、区	数量	占比（%）	排名
北京	87	1.00	28
上海	119	1.37	25
天津	110	1.27	27
重庆	259	2.99	21
河北	450	5.19	3
山西	311	3.59	13
内蒙古	400	4.61	7
辽宁	559	6.45	2
吉林	440	5.07	5
黑龙江	266	3.07	20
山东	335	3.86	10
江苏	629	7.25	1
安徽	445	5.13	4
浙江	332	3.83	12
福建	118	1.36	26
广东	440	5.07	5
广西	309	3.56	14
海南	55	0.63	30
江西	209	2.41	22
湖南	128	1.48	24
湖北	283	3.26	17
河南	296	3.41	15
四川	341	3.93	8
贵州	283	3.26	17
云南	338	3.90	9
西藏	16	0.18	31

续表

省、市、区	数量	占比（%）	排名
陕西	273	3.15	19
甘肃	334	3.85	11
宁夏	147	1.69	23
青海	77	0.89	29
新疆	284	3.27	16
全国	8673	100	

资料来源：第一网贷。

（二）融资环境恶劣影响了P2P网络借贷平台的发展

融资环境恶劣给P2P行业本地发展带来了不少障碍。

1. 邯郸非法集资风波影响

2014年，一场融资危机将邯郸卷入全国舆论的旋涡。这场民间融资危机源于部分房企民间集资借贷出现违约、老板的“跑路”。邯郸当地多个开发商以年息20%甚至30%的高额利息为诱饵，短短数年间集资数十亿元，将这些资金支付土地出让金或作其他用途。集资受害人遍及邯郸辖区的各县、乡、镇、村，不仅有公职人员，也有从“土里刨食”的农民，涵盖了各个职业群体。受邯郸开发商集资借贷的影响，当地人都人心惶惶，陷入观望。无论是普通投资者还是民众，提起企业的集资借贷时，无不是谈虎色变。邯郸融资危机事件令人对P2P网络借贷平台的信用也产生了怀疑。

2. 河北融投违约事件

河北融投控股集团是河北省国资委全资子公司，是中国第二大担保公司。截至2013年底，集团总资产为107.32亿元，净利润5.81亿元。该集团是由省委、省政府为推动全省民营企业转型升级、支持科技型企业健康发展、破解中小微企业融资难题而成立，除担保外，还有金融租赁公司、创投基金等。

自2014年下半年起，河北融投所担保的项目如海沧资本等开始曝出违约。2015年，河北融投的风险彻底暴露。河北融投担保有限公司曝出对多起资管产品无法履行担保责任的违约纠纷。河北融投丧失担保能力后，银行、信托、证券、基金甚至P2P等近50家金融机构面临项目违约，500亿元债权无人履行担保而面临险境。

自2014年7月与河北融投集团达成战略协议全面合作的P2P机构积木盒子也身陷河北融投案。2015年4月7日，大公国际信用评级将积木盒子列入互联网金融“黑名单”，理由是信息披露不充分、不规范等。

河北融投无法代偿一案，严重影响了金融机构对河北省政府的信心和信用评级。多家金融机构都表示，对河北省融资环境和地方信用失望，考虑将河北省所有融资业务列入“黑名单”。本地 P2P 网络借贷平台的发展处境也就可想而知了。

就目前的形式来，河北的 P2P 网络借贷平台想要发展壮大真的不太容易，本地金融环境不给力，互联网行业发展又严重滞后，互联网金融产业想异军突起困难重重。此外，平台与平台之间同质化严重，也不存在合并共赢的可能性，小规模的平台在发展困难的情况，不得不清盘退出或者卷款“跑路”。形成一定规模的平台也只能在艰难独立运营或者卖身大平台之间进行选择。

三、P2P 网络借贷安全问题

（一）P2P 网贷系统的技术安全问题

目前 P2P 网贷系统的建设可划分为自主研发或外包定制两种方式。前者需要耗费大量的人力、时间，业务逻辑的分析难度往往超过技术本身的实现难度，存在较大失败风险。而外包定制，通过购买通用系统后辅以个性化模板，可降低前期系统投入成本。平台经常采用折中方法，先使用购买的定制系统进行试运营，在运营过程中逐步发现问题、积累经验，再开发拥有自主版权、掌握核心技术的借贷系统。

商业化的网贷系统主要采用 PHP、JAVA 或 Net 三种语言开发，目前 PHP 和 JAVA 版本占比较高。PHP 版本的网贷系统开发速度快、周期短、维护成本低，更适合中小型平台发展需要。然而 PHP 版本存在较大的安全漏洞，期间流出的源代码加剧了模板系统的安全风险，相似的漏洞、后门程序及设计缺陷被人为利用，导致部分平台均遭受到不同程度的攻击，造成一定的经济损失。另外，部分平台因业务量不断增长，并发数较高，历史数据越来越庞大，早期 PHP 版本的系统及数据库架构负载失衡，部分 P2P 借贷平台发生了投资者数据混乱、利息计算错误等情况。由于 JAVA 版本开发周期长、投入和维护成本高，因此，被部分投资者视为平台实力的间接证明。安全风险和技术瓶颈迫使许多 P2P 借贷公司独立开发网贷系统。

平台的安全性是一项系统性工程，涉及程序设计、数据库设计、服务器运维、域名保护等诸多环节。黑客一般直接采用 SQL 注入入侵系统，或者通过该 P2P 网贷系统所在服务器群上其他网站的安全漏洞，实现间接入侵，或攻击 DNS 劫持域名，或通过“僵尸网络”实施暴力流量攻击。技术安全水平体现了 P2P 网贷平台的基础实力，是平台业务安全和业务稳定的第一道防护。尽管提高技术安全性成本较高，但它是保障 P2P 借贷平台长远利益的重要工作，是隐性的准入门槛。

P2P 网贷平台在技术安全上的风险来源于主客观两方面：有犯罪分子的刻意攻击；存在技术疏忽、业务流程不规范，平台技术薄弱等诸多因素。2013 年以来频繁的黑客攻击事件，已经暴露出 P2P 网贷平台存在很多安全隐患，同时使平台意识到技术安全的重要性。但 P2P 网贷迅猛发展，经营资金业务已成为部分网络犯罪分子的重点攻击目标，未来面对的风险将更加严峻。因此，P2P 网贷平台必须对此加以防范，一方面，加强安全意识，做好安全投入和日常防护工作；另一方面，对黑客的敲诈勒索行为，平台要坚决抵制以免造成长期损失。

（二）P2P 网贷资金安全问题

P2P 借贷平台的资金安全问题核心内容为平台是否能在未经用户授权的情况下动用用户的资金。第三方支付的通道型服务中，平台实际拥有所有用户、所有资金的支配权。在托管型服务中，平台不能动用用户二级账户的资金，因此托管型服务可以辅助解决平台截留资金，致使出借人资金无法到达借款人。然而实际情况中平台仍然存在通过构造虚假项目触发资金转移条件，使用户的资金转移至平台控制的账户的可能性。

发达国家的金融服务业均采用资金托管的形式，国外的 P2P 网贷平台将资金托管于银行或者成立专门的公司依据相关法规对用户资金进行托管，将客户的资金与自有资金进行隔离，以避免管理风险和道德风险。根据 2016 年 8 月 24 日出台的《网络借贷信息中介机构业务活动管理暂行办法》，中国人民银行要求建立 P2P 网贷平台的第三方资金存管机制，P2P 借贷平台应选择符合条件的银行业金融机构作为出借人与借款人的资金存管机构。

电子签名作为数字时代的个人认证方式已经逐渐被部分 P2P 网贷平台使用，以确保电子合同的真实、完整，防止被伪造和篡改。为实现可靠的电子签名，一般会采用非对称加密技术，依托公钥基础设施（PKI）。目前，P2P 网贷平台一般采用 PDF 文件的形式展示、保存借贷合同，平台和关联机构（如担保机构）都可以在合同中写入自己的电子签名。但出于成本、效率和实际情况的考虑，P2P 网贷平台一般只要求借款人和担保机构添加电子签名，而不要求投资人进行电子签名，投资人仅通过查看证书，即可确定签名各方的身份，同时验证文件是否经过改动。电子签名同样存在应用风险点，其中包括证书使用人的身份真实性问题、审核流程问题、电子签名只能保证合同内容的真实性，并不涉及合同内容的合法性以及存在双重合同的可能性等问题。

电子签名可以确保合同未被篡改，但并不能确保合同内容的合法性。因此任何关于合同内容的争议都必须按照合同具体条款，参照相关法律进行认定和解读。在签订 P2P 网贷电子合同时，各当事方必须对条款内容进行详细阅读。电子签名的价值在于维护合法的电子交易过程、规范交易行为。它作为一种技术手段，并不能解决由合同内容条文引起的纠纷。在缺乏明确监管的情况下，P2P 网络借贷平台需要结合电子合同，从运作过程、法律规范、权责清晰、信息公开透明等多方面逐步完善业务流程，方能真正发挥电子签名的积极作用。

四、互联网金融机构形式单一

河北的互联网金融机构形式单一，大多为 P2P 网络借贷平台，是依托安平的丝网、高阳的纺织、清河的羊绒等特色区域产业搭建起来的。其他模式在河北发展得还比较少，比如众筹平台仅有 16 家，第三方支付机构仅有 3 家。

随着我国信息通信技术的快速发展，互联网与传统金融的相互融合日益紧密，出现了不同于传统金融的互联网金融经营模式。目前，我国互联网金融主要有两类：一是由商业银行主导的，以网上银行为代表的传统金融机构的互联网延伸，即传统互联网金融模式；二是由互联网企业主导的，以第三方支付、线上直接融资（P2P）、电商贷款和众筹为代表的新型互联网金融模式。随着互联网金融的不断创新和发展，这几种经营模式正在相互融合，“电商 + 金融”和线上直接融资模式需要第三方支付平台进行交易资金的流动和监管，而第三方支付平台也需要“电商 + 金融”和线上直接融资模式才能更好地生存和发展。

第三方支付平台经营模式发展较为成熟，并逐渐替代信用卡、银行汇款等传统支付方式。“电商 + 金融”经营模式近两年在国内保持较好较快的发展，如 2010 年和 2011 年，阿里巴巴集团分别在浙江和重庆成立了阿里巴巴小额贷款公司，成为全国范围内首家面向电子商务领域小微企业融资的公司。另外，京东、苏宁等电商企业也在积极推进金融业务。同时，商业银行自建电商平台的建设银行“善融商务”，截至 2013 年 6 月末，注册会员数突破 150 万个，交易额近百亿元，融资规模数十亿元。但是，河北的“电商 + 金融”经营模式发展较慢，数量较少。

当前，河北众筹模式尚处于起步阶段，不仅融资模式单一、规模小，而且面临的法律障碍也很大，很可能涉嫌非法集资、非法发行证券等。

第二节 第三方支付严重滞后

随着信息技术的迅猛发展和网络的广泛应用，电子商务在社会上扮演着越来越重要的角色。与传统商务相比，电子商务具有低成本、高效率、受众面广、操作简便等优势，极大地推动了社会生产、流通和消费等各个领域的快速发展，正在逐步成为促进国家金融创新的一股重要力量。电子商务的优势被越来越多的企业、商家和个人所认同，但有相当一部分消费者对网上购物存在诸多顾虑，其中，最主要的是信用和安全问题。大多数消费者担心支付以后能不能得到想要的商品；商家收到钱后会不会及时发货；收到的是不是自己所订购的商品；等等。这实际上是对电子商务信心不足的表现。那么谁来在商家和消费者之间建立一种安全和诚信的机制，保证买卖双方的权益？这需要有一个双方都信赖的第三方机构来充当这个角色，而这个第三方机构还必须是各大银行的签约服务商，在这种情况下，第三方支付诞生了。作为电子商务支付环节的第三方支付也受到各方的密切关注。

第三方支付平台作为中介，通过与多个银行合作的方式提供了多种银行卡的网关接口，不但促成了商家与银行的合作，方便了网上交易的进行，提高了银行结算效率，而且通过对交易双方的详细记录和评价约束，较好地保障了商务的安全性。但是，当前第三方支付在向政府、商家（企业）、个人提供中立的个性化支付结算与增值服务的同时，也面临着许多不容忽视的问题，特别是信用风险和资金风险问题。

一、信用风险问题

在虚拟空间内完成物权和资金的转移，信用问题就显得尤为突出。买卖交易双方的行为受到必要的约束和控制，是交易执行的前提条件。网上电子商务交易双方选择第三方支付平台进行支付，通过第三方支付进行交易，是因为其对第三方支付平台实力、品牌、信誉认同。第三方支付平台的信誉中介作用确实弥补了社会信用体系的不足，但同时也增加了交易风险和支付风险。特别是当电子支付交易发展到一定规模时，一旦由于第三方支付平台内部管理原因造成损失，肯定会对整个支付结算体系产生相对的影响，危及整个支付系统的安全和稳定。

信用问题无法脱离整体背景坐而论道，在我国，信用问题不单单存在于第三方支付，但它对于第三方支付确实是致命的存在。

目前，河北省第三方支付中的信用风险主要指各方无法或无力履约的风险，这里各方是指交易中的消费者、商家和第三方支付商。

（1）消费者的无法履约是指无法支付相应的货款而造成违约的可能，虽然消费者不支付货款不一定会造成商家和第三方支付商的资金损失，但这样会增加第三方支付商的运营成本和征信成本，造成不良用户占有的比率过大，同时会带来其他相关的风险，如各方的信誉风险、职责受损等。

（2）第三方支付商的无法履约是指第三方支付商经营不善或者面对风险管

理不当，甚至其他违规操作而造成的不能履行中介支付和担保的作用，如第三方支付商操作不当，挪用资金等，这样会造成巨大的消费者和商家的经济损失。另外，第三方支付商掌握了大量用户和商家的交易数据以及对用户的交易行为了如指掌，如果这些数据挪作他用则很可能会造成不可估计的损失，严重的甚至会引起其他社会问题。

（3）商家的无法履约主要是指商家无法提供消费者满意的商品，包括质量不能满足用户需求、货不对号等，这样会造成消费者的相关损失，如退货的费用、与第三方支付商交涉的费用等。此时，第三方支付商也会牵连其中，相应地增加运营成本和征信成本，以及信誉方面的损失，等等。我们知道，在市场经济中，交易的各方必须要建立在互信的基础上才能使交易顺利进行，这种交易的互信建立在一定的机制和人们对风险的感知度及承受度上的。虽然第三方支付商的出现降低了买卖双方交易的风险，但信用的危机还是存在的，其主要原因是基于网络环境的交易和前文所提到的信用模糊问题，因此网络第三方支付的信用风险不容忽视。

二、在途滞留资金与资金沉淀问题

支付过程包括清算和结算，后者指与支付指令相关的资金的转移。当支付的账务处理和支付指令的处理不同步时，对支付系统的某些用户来说就是增加了随机成本，而对另外一些人来说则是得到了一笔意外收入。尤其是对支付双方不同时记账的情况下，将会导致这意外的成本和收入。这种由于对付款人和收款人异步记账所带来的账务影响就是通常所说的在途资金。在第三方支付系统中，支付流程是资金先由买方到第三方平台，等支付平台得到买方确认授权付款或到一定时间默认付款后，再经第三方平台转手给收款方，这样的支付流程就决定了支付资金无论如何都会在第三方支付平台作一定时间的支付停留成为在途资金。在当下比较流行的第三方支付平台中，一般都有一个结算周期，时间为一周或一个月不等，这无形上增加了支付资金的在途时间。

停留在第三方支付机构的在途资金形成一定的沉淀变成悬浮资金，第三方支付机构可以运用这部分悬浮资金进行相应的投资以获取收益；而资金在运用过程中必然会面临一定的市场风险，从而影响在途资金的安全性。对于滞留资金的管理和运用，第三方支付平台又缺乏像银行那样对流动性风险的管理机制和经验。例如，第三方支付商把这笔资金用在短期货币市场、股票市场、期货市场等资本市场进行投资获利，投资成功，则成为“在途资金游戏”中的净得利者；若投资失败，则可能引发一系列问题，给商家与消费者带来难以预计的损失。

第三方支付目前还处于同业低水平无序竞争局面，导致价格成为其唯一的竞争筹码，不少第三方支付公司以不正常的低价抢占市场份额，于是出现了“跑马圈地”的短期行为。此举不但挤压了第三方支付有限的盈利空间，而且容易使第三方支付将客户资金暂用于经营费用甚至进行其他投资，给资金带来了风险问题。

从账户式第三方支付流程看，买方在提交订单后需将货款暂存在第三方支付公司，买方在收到货物之后再通知第三方支付将货款付给卖方，这期间不但产生了资金吸存行为，而且会出现大量积少成多资金的滞留，这些沉淀资金的管理现状容易引发资金风险问题。

当部分第三方支付公司经历了一段时间无序竞争的“洗牌”后，若无法立足而关闭、转产、破产，那些留存的用户资金如何得到保全并退偿也将是一个不可回避的问题。

随着河北省电子商务的发展，第三方支付会变得更加重要，其产生、发展过程实际上也是社会公众对电子支付认可和有关电子支付的法律政策、制度形成和不断完善的过程。要通过借鉴美国、欧盟等及我国发达地区先进的监管模式和经验，逐步建立健全法律法规有关第三方支付平台的法律体系，加强对于第三方支付平台的业务、技术、安全监管。在有效的监管和充分的竞争条件下，针对支付清算体系可能存在的风险与薄弱环节，不断完善风险防范措施，保证第三方支付平台的健康发展，鼓励支付创新，提高支付服务效率、安全性和稳定性，不断完善和发展支付体系，支持河北优质的第三方支付企业做大做强。

第三节　农村信用体系空白

改革开放以来，河北在许多领域取得了显著成就。但是，就农村、农业和农民问题（即“三农”问题）而言，农业基础薄弱，农村发展滞后，农民收入增长缓慢，已成为我国经济社会发展中亟待解决的突出问题。“三农”问题的解决离不开资金的支持。伴随着我国农村经营机制改革的深化，农村金融机构的筹资能力不断增强，资金供给能力旺盛，农村信用体系的缺失已经成为河北农村发展资金约束的重要原因。建立和完善农村信用体系、加快河北农村信用体系建设的节奏、优化农村的信用环境、形成一套行之有效的农村信用制度是促进互联网金融在河北农村发展的重要途径。

长期以来，农业企业贷款一直比较难，因为它们好多效益不稳定，难以提供贷款抵押物，而且贷款的周期比较长。目前，全国 3000 多家 P2P 互联网金融服

务平台中，定位为涉农服务的几乎没有。无法为河北省内中小农业企业、农民专业合作社等新型农业经营主体提供低成本的融资服务，也不能充分利用互联网金融的优势，整合农村合作金融体系，为农民提供多种金融产品和增值服务。进而也无力破解农民合作社等农业新型经营主体融资难、融资贵等难题。形成这种情况的主要原因是农村信用体系的空白。

因此，随着农村经济金融体制改革的深入和农村经济的发展，特别是互联网金融的普及，营造良好的、完善的农村信用环境，建设完善的农村信用体系，显得十分重要和迫切。

一、农村信用体系的含义

农村信用体系是指农村基层政府及信用管理机构、相关金融机构、相关中介机构依据相应的法律法规对农村社会经济活动的各类参与者（主要为农户）的相关信息数据，进行相应的采集、加工及储存等形成一个覆盖整个农村区域的信用信息中心数据库。农村信用体系涵盖了农户、金融机构及农村基层政府三方相互关联的金融秩序、环境的有机整体，从而保证信贷资金的安全性、流动性、收益性及降低信贷风险的制度体系。

二、农村信用体系建设的重要性

完善的农村信用体系能够较好地解决农户信用信息不对称问题，对缓解农民贷款难、防范农贷风险、有效增加“三农”信贷投入、支持社会主义新农村建设起到积极作用。努力构建农村信用体系，可以优化新农村投资环境与信贷环境，为新农村建设带来更多的投资资金和信贷资金，是发展新农村经济的治本之策。农村信用体系建设的重要性主要体现在如下几个方面。

（一）农村信用体系的建设可以降低农村金融市场交易成本和交易费用

首先，目前农村社会环境中现代信用制度缺失和滞后，交易者为了避免利益受到伤害，必须花费大量精力和财力去查证交易对方的信用信息，阻碍了农村经济社会交易活动的发展，提高了社会运作成本。

其次，单个金融机构面对众多的农户，难以通过自身力量准确了解每一个农户的信用状况，并以此做出产品定价，进而出现高昂的交易成本，降低了融资效率。

此外，建设统一的农村信用体系具有较强的规模效益，能够大幅降低社会交易成本，缓解信息不对称问题，促使信息的简单和透明。透明和易得的信息是建立大规模金融体系的基础，由此也可以促进金融体系业绩的提升。

（二）农村信用体系的建立可以提高政府的工作绩效和社会管理水平

农村信用体系的不完善造成政府及金融机构对农户信用信息缺乏完整、准确、详细、可靠的书面记录，农村信用体系的建立和完善可以最大限度地建设政府各部门管理农村社会的成本，提高工作效率。农村信用体系提供的信用信息可以使政府各部门的工作既准确又有效率，节省大量的时间，降低劳动强度，这也是维护社会稳定和实现公平正义的重要工具之一。

（三）农村信用体系的建立可以促进和加快农村普惠金融体系的构建

农村信用体系的建设可以提供准确的、标准化的信息，让信用信息成为一种资源和生产力，吸引金融机构为信用记录良好的农户提供公平的、便捷的金融服务，并在金额、期限、利率等方面进行优惠和让利，使农户得到激励。金融机构借助农村信用体系，针对农户金融服务需求的多样性创新农村金融产品和服务方式，利用“农户+征信+信贷”的业务模式，为缺乏抵押资产的农户给予生产资金支持。

（四）农村信用体系的建立可以有效推进新时期农村精神文明建设

新农村建设不能忽视作为农村精神文明建设重要内容的信用体系建设。在农村普及信用知识、开展征信教育和建立信用制度，可以净化农村社会信用氛围，提高农村文明程度。加快农村信用体系建设，可以较快地发展现代农业。培养懂技术、有文化、会经营的新型农户，提高农户整体素质，是新农村建设的重要内容之一。

三、农村信用体系建设存在的问题

（一）社会整体信用法制不健全

信用体系建设涉及面广、政策性强，特别是征信体系建设提供的产品和服务直接涉及公民隐私及企业商业机密，需要一套完整的法律体系作保障，但目前缺少全国性的有关征信管理的法律法规，信用信息的征集、管理、评估和失信行为的惩治无法可依。

1. 农村信用体系建设的各项措施缺乏法律规制和制度保障

虽然国务院陆续出台了《征信业管理条例》（以下简称《条例》）和《纲要》等一批法律、规章和规范性文件，但结合农村信用体系建设出台的地方性法规和规章极少。例如，没有制定针对农民和农村经济主体的信息采集、查询、使用等详细制度；没有公布守信激励失信惩戒机制的具体实施办法；政府部门的农户信用信息得不到共享和应用，无法形成信用制约的合力；有关部门借口多种理由不支持信息共享，导致信息采集和数据库建设障碍重重等。

2. 失信惩罚机制和信用立法的缺失

金融结构对信用缺失的农户往往带有惩罚机制，比如借款限制、消费限制等。但农户的信用“缺失”对农户而言，仅仅意味着在对“公”方面的缺少，而农户完全可以依赖传统的风俗从对“私”来解决农户资金短缺的问题。农户借款渠道主要有两种：一种是从正规农村金融机构贷款（对公的借贷），另一种是非正式渠道借款（对私的借贷），包括农户之间的借贷、向民间金融组织借贷等。对农户而言，单纯的惩罚机制没有遏制农户的资金需要。同时，河北现有对农村信用的立法建设也较为落后，对农户信用利益进行保护、对农户信用管理进行规范、惩戒赖账、逃债等失信行为的法律还处于空白阶段。

（二）信用体系建设与管理难度较大

1. 农户信用信息收集困难

农户信用信息收集困难的主要原因有三个：

一是农户的收入数据收集较为困难。这其中的原因：一方面，在于农户不肯透露自己真实的收入，存在着瞒报的现象；另一方面，在于农村居民的收入构成较为复杂，不仅包括农业经营性收入，还包括外出务工等非农收入，这些收入不仅构成复杂，而且不够稳定，因此，收集到的收入数据也会呈现出不稳定的态势。

二是农户信用信息数据库采集数据项多，采集信息难度大。构建农户信用信息数据库是农村信用体系建设的重要内容之一，按现行《农户信用信息采集指标及数据格式》的填写要求，信用信息采集表的设置过于复杂、烦琐，农户信息涉及资金来源、运用、投资收益、家庭资产等情况，每户农户需采集信用信息 100 多项，受文化素质的限制，农户无法填写相关信息资料，需采集信息的数据量大。而乡镇农村金融机构通常只有农村信用社 1 家，信贷人员 3 ~ 5 人，面对遍布全乡（镇）成千上万贷款农户的信息采集工作，任务比较艰巨。基层农村信用社人员少，管理范围大，而且农业生产风险大，信用信息更新难，难以跟踪监测信用户的信用状况。由于农户信息不完整，影响了农户信用评分系统对农户信用评分结果的准确性，阻碍了应用评分结果发放农户小额信用贷款业务的开展。

三是非贷款农户多，流动性强，信用信息采集难。由于农户与金融机构之间的借贷交易行为不普遍，很大部分农户是非贷款户，特别是近年来农村外出务工人员较多，一些常年进城打工的农民，由于其工作不固定，呈现出极强的流动性，从而加大了农村信用体系相关信用数据的收集难度，给农户信息采集工作增加了较大的难度。

2. 信用信息管理难

从目前情况看，农户及乡镇企业的信用记录分散于工商、税务、银行、审计、法院等多个部门，无法进行综合管理；信用村的创建、信用户评定、信用贷款授信额度等方面，由于参与各方因顾虑承担责任和风险等原因，虽然能够相互配合，但没有形成合力，参与的积极性不高，氛围不浓，给信用信息的整合、管理带来较大困难。

3. 信用信息共享难

一是各级政府及其他机构对现有农业信息资源没有进行合理的综合整理，未形成有效的农业信息共享资源，农业信用信息利用率不高。

二是未建立现代科学的农业信息网络平台，信息网络进户的问题没有得到很好的解决，这种落后直接导致农业信息不对称，金融支持依据难以保障，农村信用信息不能得到有效共享和充分利用。

（三）理念存在误区

1. 农民认为贷款难、贷款贵只是银行的问题，忽视自身信用积累

农民增收和农村经济主体发展的瓶颈在于贷款难、贷款贵，而影响贷款难、贷款贵的因素在于信息不对称，银行需要了解借款人的详细信息，而农民和农村经济主体往往不主动与金融机构和征信机构打交道，向银行提供的信息很少，导致信用信息的积累不够，银行了解相关信息的成本过高，影响了银行放贷的主动性。

2. 银行对农民和农村经济主体的价值判断和风险评估停留在老观念上

一是缺乏价值重估和价值发现的理念。价值重估是重新对标的物价值进行测算和评估，以准确衡量标的物现实的准确价值。价值发现是通过调查、研究、分析等方式，找出投资工具市场价格所没有充分或完全反映出的潜在价值。农民和农村经济主体所拥有的资产有相当一部分需要价值重估和价值发现，如农村土地经营权，与种植业有关的林木所有权，与养殖业有关的牛、羊等生物资产所有权及农民自身特有的信用价值都难以评估和计量。

二是缺乏信用培植等新型风险管控理念。银行往往强调贷款的担保、抵押，忽视借款人的第一还款来源，往往重视借款人现实信用状况，而忽视其历史信用记录，对第一还款人缺乏持续关注和信用培植。近年来出现的联保体贷款、担保链贷款风险充分显示了传统银行风险管控理念的弊端。

三是缺乏借助征信和第三方专业力量的理念。目前，对客户的信息采集、信用评级、行业趋势分析等全部由银行自己开展，评级成本高、主观性强、专业性差，且普遍对第三方评级机构关于借款企业的信用评级产品采信度低，缺乏自身评级结果与第三方评级产品的对照机制。

（四）信用评估资金、人才、技术缺乏

涉及农村信用体系建设需要大量的人力、物力和财力投入，但政府提供的资金、人才有限，技术落后。

首先，政府和有关牵头部门没有相关财政支出预算和专项资金筹集渠道，难以拿出“真金白银”支持和推动农村信用体系建设。

其次，信用评估人才比较缺乏，政府专门抽调出的人员非常有限，存在兼职

人员多，时间、精力靠不上等问题，熟知河北农村情况的信用评估人才更是缺乏，从而使制定出来的信用评价体系漏洞诸多。

最后，信用评估技术也比较缺乏，由于河北农村信用评估工作刚处于起步阶段，各个金融机构及信用评估机构都按照自己的一套信用评估体系，照搬照抄国际大信用评估公司的标准体系对河北的农村信用进行评价，而很少考虑到现实情况的适用性。

目前，信用管理还属于冷门专业，信用管理人才奇缺和征信人员匮乏问题始终困扰着农村信用体系建设的各项工作。

（五）信用工具缺乏

1. 农业信用担保和保险体系缺位

就河北而言，主要以“农户联保”形式为主，农村信用担保机构处于空白，农户及农村企业难以提供有效的担保，使信贷投入风险加大，贷款难以满足农村融资需求。同时，对农业的投入，如农业产业化、集约经营化、水利设施等，生产与回收资金周期长，自然灾害风险大，这需要银行与保险的服务配套，但实践中，银行与保险的服务“两张皮”，一定程度上阻碍了农业信贷的发展。

2. 农村信用体系建设依托的载体和平台少、应用范围窄

缺乏信息共享数据平台，特别是缺乏能够真正实现信息及时采集和更新、信息全面完整、能够联网查询应用的系统，中国人民银行征信中心的金融信用信息基础数据库虽然较为完善，但主要提供的是银行信贷信息，对于授信、产品、水电、行政管理、法院执行等信息还不全面。信息主体权利得不到保障，征信机构和信息咨询机构泛滥，虚假信息系统充斥网络，农户和其他主体信息被倒买倒卖的情况比较严重，农民在不知情的情况下信息被采集、滥用的现象屡见不鲜。

3. 农村信用体系建设需要的中介服务机构不够发达、服务水平较低

目前，还没有专门针对农民和农村经济主体的征信机构，缺少中介机构为银行、政府部门提供涉农征信信息和农户信用评级。评级机构在农村存在成本高、评级结果认可度低等问题；担保机构针对农民和农村经济主体的担保业务收费高、风险大，市场拓展难度大；农业保险由于风险大、赔率高，业务发展步履维艰；针对农贷产品的保理代理、资产证券化业务进展缓慢。农产品交易机构、农村土地经营权交易机构虽然成立，但很难与银行等机构实现信息共享。

4. 银行创新工具少，依托农村征信数据库进行的金融创新品种少、推广难

一是信用贷款产品少。依托农户信用信息、农业产业链等开展的信用贷款等创新业务增长乏力。

二是土地经营权、林权质押贷款、生物资产抵押贷款业务量小。

三是应收账款质押贷款产品少。农产品抵质押评估难、登记难、银行认可难

都制约了应收账款质押产品的设计和发展。

四是基层涉农金融机构的贷款权限被层层上收，监管考核不合理、授信额度不科学影响了银行产品创新。

5. 守信激励和失信惩戒工具作用发挥不突出

在政务诚信、商务诚信、社会诚信领域，有约不履、有诺不践的部分违法败德行为没有记录在案和查询共享；“黑名单”制度没有发挥应有作用；农村的安全生产、食品药品安全事件、商业欺诈、制假售假、偷逃骗税、虚报冒领等现象仍存在。对部分恶意欠贷欠息行为，没有有效的惩戒措施，失信成本较低，对其转移资产、高档消费行为无法进行有效制约，失信信息对其本人和家庭无法产生实质影响，无法达到失信主体“处处受制、寸步难行”的效果。

四、农村信用体系建设问题的解决途径

建设农村社会信用体系应先从以下几方面入手：

第一，增强农民诚信意识，强化全社会的征信理念。革除银行经营弊端，强化价值发现和信用培植理念。地方政府主动承担主体责任，强化信息共享和协调落实理念。地方政府及有关部门必须树立起信息共享理念，共同推进农村信用体系建设。

第二，出台地方性法规和规章，为农村信用体系建设提供法律保障，确保农村信用体系建设的人、财、物投入充分发挥政府的行政推动作用，抽调资金和人员，加强人力、物力和财力投入。呼吁各级地方政府设立农村信用体系建设的财政专项支出预算，并由地方人民代表大会批准。教育主管部门和高等院校，应增设征信和信用管理专业，加强对征信专业人才的培养，建立征信人才引进交流机制，建设专业人才队伍。

第三，建立规范、强大的农村征信数据库和信用信息共享平台，挤压虚假信用信息系统的滋长；建立规范的数据库采集和共享流程，确保个人征信数据采集前履行告知义务，不良信息采集、信息查询前，获得主体书面授权。推动征信、评级等中介机构发展，提高综合服务水平。强力推进奖惩办法，完善守信激励和失信惩戒机制。

综上，农村信用体系空白是约束农村金融生态环境不佳的一个重要因素，改善农村金融生态环境，促进农村互联网金融的发展，需要全面推进农村社会信用体系建设。一个完善的农村信用体系，可为省内中小农业企业、农民专业合作社等新型农业经营主体提供低成本的融资服务，同时发布民间借贷信息，通过聚集银行、保险等金融部门理财产品，整合农村合作金融体系，为农民提供多种金融产品和增值服务。

第四节　互联网金融人才匮乏

互联网金融人才匮乏是制约河北本地互联网金融发展的又一主要因素，包括运营、技术、管理、金融风控人才，需要各方面共同努力去培养、挖掘从业人员。互联网金融人才的极度缺乏导致互联网金融技术极度落后。

从目前河北互联网金融整体的发展看是比较落后的。从运营的角度说，河北所有的互联网金融平台还有很大的提升空间，但从技术、人才来说太匮乏，另外，技术思维而非互联网金融思维，也是目前河北互联网金融发展最大的一个瓶颈。比如深圳，有将近500家互联网金融平台，它们之间的人才交流做得非常好。要解决河北互联网金融发展问题，首先要解决互联网金融人才匮乏的问题。河北目前亟须加大本土互联网金融人才的培养。

互联网金融人才在市场上十分抢手，一些银行甚至开出双倍薪水以吸引高级金融管理人才。互联网金融行业薪水之高不仅体现在高层，其中基层的待遇水平也相当可观。

互联网金融从业者待遇水准之高，源于行业对人员的需求。在2015年行业招聘TOP10中，互联网和金融业的招聘需求分别排在第一位和第五位。而互联网金融作为传统金融与互联网思维的交叉结合体，要求平台从业者必须兼具传统金融的专业知识和互联网思维模式，虽然在人员的总体需求量上并不突出，但由于其特殊的用人需求，导致市场的供给严重不足，空白点较大。

一、行业高薪的原因

高薪酬背后凸显的不但是互联网金融人才的供给较为缺乏，以致出现卖方市场，同时也说明了行业岗位的实际价值。作为市场的交易形态之一，劳动力市场也遵循着价值规律：价值决定价格，供求关系影响价格。具体表现为，人员工资来源于所处岗位所具备的技能，同时也受到该岗位劳动力市场供求关系的影响。

（一）行业岗位的实际价值高

在市场中，决定价值的要素在于社会必要劳动时间，即社会劳动者熟悉、掌握某一项技能所花费的平均时间。以P2P核心的风控岗位来说，一名合格的风控人员不但要具备一定水平的财务和法律知识，还要积累对于风险的敏感程度，能从财报或合约上看出是否有风险，风险的程度有多高。对于前者这样的硬性指标相对好说，但对于后者风险意识的培养，则需要经历长时间的实战磨炼。

（二）行业人才的缺失

行业高薪的诱因不仅仅停留在行业岗位的实际价值上，而且由于行业人才的缺失，导致人才的供给远远小于市场的需求。

（1）随着行业快速发展，在规模扩张影响下，使人才出现行业性的数量短缺。以 P2P 网络借贷平台为例，2014 年全国 P2P 网络借贷平台总数为 1575 家，其中 900 家为 2014 年新上线平台，相较于 2013 年增长了 100%。而从交易规模上来看，2013 年 P2P 行业全年成交量为 1058 亿元，而 2014 年为 2528 亿元，增长幅度将近 150%。行业跨越式的增长，使市场上互联网金融的劳动力供给不能填补这种规模扩张留下来的数量空白。

（2）真正的优秀人才数量严重不足。互联网金融行业的迅猛发展对人才提出了更高的要求。据了解，目前各金融机构的招聘职位，包括互联网金融经理、产品经理、产品研发等。集金融业务知识、网络信息技术、市场营销等多种知识技能于一体的“互联网金融人才”，将会是企业未来很长一段时间的需求聚集点。这类人才首先需要有金融行业从业经历，能够非常清晰地掌握金融企业的运营思路，同时又要有互联网思维，能把金融机构的应用嫁接在互联网工具上。他们属于互联网金融产品的“设计师”，是互联网金融时代的顶级人才。互联网金融作为一个跨学科的新领域，融合了金融、管理、信息和 IT 等相关专业。

二、任职条件高

互联网金融虽然作为新兴行业，但其本质仍属于金融。因此互联网金融行业的核心竞争力来源于两个方面：对风险的管控，这主要涉及金融产品的设计、投融资两端的无缝对接、对投资项目的风险审核与控制，这是平台生存的根基与保障；在服务形态上采用互联网的思维模式，更好地为投融资用户提供金融服务，通过差异化经营，避开传统金融机构的直接火力。根据岗位的任职条件，对互联网金融的从业者提出了“脚踏两只船”的要求，既要精通传统金融，又要具有互联网思维。

一个优秀的 P2P 团队，应该有互联网与金融业的复合基因。但现实是许多上线运营的 P2P 网站根本没有自己的技术开发团队，而是购买现成的网站模板，或者将网站开发承包给第三方软件开发商。没有技术支撑的网站表面看没问题，但后期运营维护相当艰难，折射出相关人才的缺失。对一家互联网金融公司来说，拥有“互联网＋金融”复合能力的初创团队属于理想状态，但在现实中，这种情况可谓凤毛麟角。

求职者若想进入互联网金融领域，就必须同时掌握互联网和金融两方面的知识及技能。就当前形势看，未来若能开设互联网金融学科，实现专业与需求的对

接，或将成为最有创新价值的人才的突围路径。对于平台来讲，优质的人才不仅能降低平台的经营风险，而且还是任何竞争对手都无法去模仿的核心竞争力。但人才的缺失导致平台持续竞争力的下降，而且也会由于产品设计不科学等问题，导致平台资金的洞穿。

互联网金融普遍存在的情况是互联网从业者不懂金融，金融从业者不懂互联网，彼此的隔阂不但引发主导权之争，甚至可能导致产品的异化和金融的倒退。企业要么因追求速度忽视了质量，导致大面积的产品风险；要么因为谨小慎微忽视了用户需求，导致产品不合市场需要。互联网金融是互联网与金融的结合，同样需要互联网人才和金融人才的融合，二者通力合作，共同培养大批互联网金融人才是当务之急。

第六章　先进省份发展互联网金融产业的经验

当前，互联网金融已蔚然成风，互联网金融企业也成为各地争夺的优质资源。为促进互联网金融的发展，各省（市、区）纷纷出台相关扶持政策，支持互联网金融产业健康发展。北京、天津、上海、广东、浙江和江苏等互联网金融发达的先进省份也出台政策，大力推动互联网金融发展。

第一节　北京

一、海淀区

中关村互联网金融中心于 2014 年起开始投入使用。目前，中关村互联网金融中心已吸引 P2P 网贷公司、第三方支付企业、金融大数据企业、金融产品搜索平台、云计算、征信机构、生活服务、众筹等几乎涉及互联网金融的全产业链的明星企业入驻。目前，这里签约入驻的共有银客网、厚普征信、趣分期、银豆网、有利网、买金网、融 360 等 35 家互联网金融企业。这栋已聚集互联网金融各产业链企业的大楼，成为全国首家聚焦吸引互联网金融行业全产业链的建筑，也成了名副其实的互联网金融中心。在这里，没有传统银行聚集数千人的呼叫中心和客服中心，也没有用户排成长龙的银行网点，然而，这里却被视为未来全国金融界最活跃、最迅猛的增长地。

入驻中心的企业，在合同期的前三年里，分别可以获得海淀区政府 50%、50%、30% 的租金返还。除了房租补贴，吸引互联网金融企业争相入驻的，还有这里的行业氛围和无处不在的上下游合作机会。

作为目前最如火如荼、增长飞速的新兴产业，互联网金融也同样是一个高风

险领域。过去一年内，“跑路”、违规现象在该行业频频发生。为了在吸引全产业链企业入驻的同时保证企业质量和规范性，海淀区金融服务办公室组织了由行业内著名企业家、协会成员组成的专家委员会。申请入驻企业经过专家评审后才能入驻。以融 360 为例，除了贷款产品搜索，P2P、货币基金、“宝宝”类基金、银行理财等各种产品的风险和利率等信息都在其网站上一键获取。而在融 360 的网站上，同一栋楼里的银客网、有利网、趣分期的“邻居”产品也都搜得到。企业间更新产品信息、沟通业务时不用东奔西跑，在一栋楼里就能解决。

北京市海淀区人民政府关于促进互联网金融创新发展的意见

为深化首都科技金融综合改革，强化金融对建设具有全球影响力的科技创新中心的支撑作用，抓住互联网金融发展的机遇，借助区域互联网金融资源优势，推动互联网金融产业发展，建成全国互联网金融中心，北京市海淀区人民政府出台了关于促进互联网金融创新发展的意见。

1. 充分认识促进互联网金融发展的重要意义

（1）促进互联网金融发展是转方式、调结构、稳增长、促消费的重要实践。互联网金融作为科技金融的重要组成部分，是互联网与金融相结合的新型业态，是借助于互联网技术、移动通信技术实现资金融通、支付和信息中介等业务的新兴金融模式。互联网金融有效促进信息消费，极大支持电子商务发展，为科学发展和包容性增长提供重要支撑。

（2）促进互联网金融发展是建设国家科技金融创新中心的重要内容和龙头抓手。作为我国互联网等信息技术发展的策源地和国家科技金融创新中心，海淀区在大数据、云计算、下一代互联网等领域具有强大的产业技术核心竞争力，同时金融业发展态势良好，互联网金融企业约占法人金融机构的 1/10，为海淀互联网金融发展奠定了坚实的基础。促进互联网金融发展，对建设国家科技金融创新中心，推动海淀自主创新和产业转型升级具有重要意义。

（3）促进互联网金融发展有利于缓解中小微企业融资压力。互联网金融在资金需求方与资金供给方之间提供了有别于传统银行业和证券市场的新渠道，提高了资金融通的效率。互联网金融通过大数据分析有助于解决信息不对称和信用问题，提供更有针对性的特色服务和更多样化的产品，有效扩大了中小微企业、个体创业者和居民等群体受益面。

2. 指导思想、工作原则和发展目标

（4）指导思想。深入贯彻科学发展观，坚持金融服务实体经济的本质要求，推动虚拟经济与实体经济同步协调发展。解放思想、深化改革，优化互联网金融发展生态环境，通过互联网、移动互联网集聚各方资源，跨界融合，共同推进互联网金融发展，促进金融创新与改革，支持经济结构调整。

（5）基本原则。坚持政策引领，服务国家战略，强化市区两级联动和错位支持；坚持市场引导，创新体制机制，强化市场配置金融资源的基础性作用；坚持先行先试，深化改革开放，加快创新政策在海淀试点；坚持产融结合，加强良性互动，促进互联网金融发展和互联网金融促进实体经济发展；坚持风险可控，推进社会信用体系建设，正确处理创新发展、政府监管以及行业自律的关系，实现包容性增长。

（6）发展目标。围绕建设中关村国家自主创新示范区核心区、国家科技金融创新中心的目标要求，积极落实和推动互联网金融创新，打造全国创新资本中心。力争用3~5年时间，打造一批位居全国前列的P2P、众筹以及具有融资信贷功能的第三方支付类标杆性企业，引领互联网金融行业规范发展。

3. 加大政策支持力度，吸引互联网金融机构聚集

（7）依托区域IT产业优势，创新发展互联网金融。吸引依托互联网、移动通信和大数据处理等技术机构在海淀区聚集发展，加强信息安全、大数据存储和带宽基础设施建设，鼓励其开展资金融通、支付、机构间交易结算平台等金融业务。支持新设立或新迁入的基于互联网的第三方支付机构、网络信贷、金融电商、众筹融资、商业保理、互联网金融门户等互联网金融机构，以及具有互联网金融交易的要素机构在海淀发展。鼓励银行、保险、证券等传统金融机构向互联网金融模式转变，设立电商机构和互联网金融研发中心。

（8）大力支持互联网金融企业在海淀注册设立。工商海淀分局要简化登记审核流程，缩短审核时间，提升审核效率。向市工商局积极争取在海淀区注册的企业名称中使用“金融信息服务”字样或经营范围中使用“基于互联网的金融信息服务、撮合交易”等字样。支持互联网金融企业在海淀开展各项互联网金融创新服务业务，区金融办对申请政策的互联网金融企业实行登记管理。

（9）对2013年之后（含2013年）新设立或新迁入海淀区，具备独立法人资格且在海淀区注册纳税并经我区认定为互联网金融企业的，可参照金融机构享受《海淀区促进科技金融创新发展支持办法》相关的购房补贴和三年租房价格补贴。入驻海淀区科技金融重点楼宇（中关村金融大厦、中关村PE大厦、互联网金融中心等）的互联网金融企业，享受海淀区科技金融重点楼宇支持政策，给予三年的房租价格补贴，第一年50%、第二年50%、第三年30%。上述政策不重复享受。

（10）支持重点引进的互联网金融企业在海淀长期发展。按照《海淀区重点企业服务和引进支持办法》，根据其对海淀互联网金融产业发展的带动作用、区

域贡献情况等给予一定的资金奖励，额度不超过其自注册或迁入年度起三年内区级财政贡献的50%。探索建立互联网金融机构政府专项服务通道，依托专业研究机构，对互联网金融企业资质以及相关人才进行认定和评级，在此基础上综合考虑，对认定的重点互联网金融机构高管人员给予北京户口、工作居住证、子女入学、公租房等方面政策支持。

（11）发起设立互联网金融产业投资引导基金，纳入现有5亿元海淀区创业投资引导基金统一管理。该基金按照《海淀区创业投资引导基金管理实施细则》进行出资管理和绩效评价。

（12）鼓励海淀企业围绕互联网和金融的结合大力开展技术创新和商业模式创新。将互联网金融作为海淀现代服务业试点的重要内容。支持互联网金融重点企业和机构在海淀进行业务布局。建立市场化的项目发现机制，挖掘、引导与互联网金融相关的项目和企业在海淀落地，形成互联网金融企业的聚集效应。

（13）鼓励和推动传统金融机构通过互联网金融转型升级。鼓励银行、证券、保险等金融机构和小额贷款等准金融机构向互联网金融模式转变。对转型的金融机构设立电商机构、实体化互联网金融研发中心参照金融机构予以支持。对我区认定的总部型互联网金融企业，按照海淀区发展总部经济的有关政策予以支持，对高管人员给予个人奖励。对于引进总部型互联网金融企业的中介组织，按照海淀区发展总部经济有关政策给予奖励。

（14）鼓励互联网金融机构对中小微企业开展融资支持。积极落实中关村国家自主创新示范区中小微企业信贷风险补偿政策，建立市区两级互补性风险补偿资金。通过互联网金融模式开展中小微企业融资业务的机构按照海淀区中小微企业金融服务专营机构予以支持，按照《海淀区促进科技金融创新发展支持办法》，根据其业务量规模给予其风险补贴和业务增量补贴，补贴上限400万元。对通过互联网金融模式获得资金支持且符合区域重点产业发展方向的文化创意、信息技术、移动互联网和科技服务业等行业企业，按照《海淀区促进科技金融创新发展支持办法》相关政策，给予中小微企业贴息支持，贴息上限100万元。在此基础上，落实中关村管委会支持互联网金融的相关政策，对海淀区认定的重点互联网金融企业发生的贷款，给予一定的贴息支持，形成政策合力。

（15）支持主要面向互联网金融企业服务的孵化器、加速器、大学科技园、大学生创业实践基地等创新创业服务载体的发展。按照《海淀区促进科技服务业发展支持办法》，对为互联网金融企业提供低成本办公空间的创新创业服务载体给予房租补贴，年度租金补贴不超过200万元，最多补贴三年。对于拥有专业服务团队，具有项目发现、筛选、孵化、投资能力的创业服务主体，根据对其服务能力、孵化企业数量和效果的年度评估情况，给予适当的房租补贴及业务经费支持。同一机构在一年内获得的上述支持资金总额不超过350万元。落实中关村管委会支持面向互联网金融企业的孵化器政策，给予不超过1000万元的房租补贴和业务经费补贴，连续支持不超过两年；对新认定的创新型孵化器，原则上给予最高不超过100万元的一次性资金支持。

（16）建立和完善互联网金融中介服务体系。发挥行业协会作用，发布各细分行业自律公约，推动行业规范发展。充分发挥互联网金融研究机构、要素市场等其他互联网金融机构的优势，加强对互联网金融行业发展规律的研究。

（17）建立互联网金融研究机构。加强移动互联网、大数据、云计算等技术与金融业跨界结合的学术、商业、产业研究，加强社会组织创新，鼓励设立互联网金融研究机构，对互联网金融研究机构发起设立给予支持。

4. 推动互联网金融功能区建设，拓展产业发展空间

（18）加快建设互联网金融功能区。以中关村西区为重点，加快建设国家科技金融功能区，在中关村西区打造互联网金融中心和创新金融大厦，打造海淀区互联网金融品牌。

（19）加快建设互联网金融产业园和基地。拓展互联网金融发展空间，以宝蓝大厦为核心打造互联网金融产业园，以中关村软件园二期为基础打造互联网金融基地，形成互联网金融产业聚集态势。

5. 完善配套服务体系，优化互联网金融发展环境

（20）建立健全互联网金融人才培训机制与培养体系。加大中高层次互联网金融人才培训力度，以吸引、培训人才为促进海淀互联网金融产业发展的重要手段，对相关互联网金融人才的培训费用予以适当的补贴，对相关机构组织开展的培训工作予以奖励，形成互联网金融人才梯队。协助企业引进的海外留学归国人员申请享受扶持政策，积极推荐海淀区认定的重点互联网金融机构高管及核心骨干参加“千人计划”等方面的选拔。

（21）加强互联网金融创新文化建设，激发创新活力。鼓励各类机构加强互联网金融研究与创新，探索新型融资模式。支持互联网金融人才自主创业及其创业项目孵化工作，建立互联网金融创业导师机制，扶持创新性企业成长。

（22）建立健全区域信用体系。搭建互联网综合服务平台，建立金融机构、互联网金融企业、第三方支付机构等对接机制。推动小额贷款公司、融资性担保公司通过技术接口接入权威征信系统，探索和研究建立面向资产证券化、股权投资基金份额转让等金融交易的征信评估系统。建立政府部门信用信息交换机制，完善对企业基础信用、企业政务信用、企业经营信用等信息的归集、征集和共享机制。

（23）加强金融风险防范。不断增强协助金融机构防范和抵御金融风险的能

力，加强金融风险预警和处置力度，严厉打击金融违法犯罪活动。支持金融机构、金融认证机构、信用评级机构、中介组织、行业协会、专业园区等参与企业信息征集与信用评级工作。

（24）打造海淀互联网金融中心品牌。支持互联网金融博物馆落户，成立中关村互联网金融行业发展联盟，打造互联网金融媒体圈。加强宣传推介，举办互联网金融全球峰会并通过金博会、京港洽谈会等活动，树立海淀互联网金融中心品牌形象。

6. 加强保障措施，推动互联网金融中心建设

（25）组织领导。由海淀区建设国家科技金融创新中心领导小组协调推进互联网金融中心建设的各项工作，加强与上级部门的协调沟通，强化工作联动。

（26）沟通协调。加强部门联动，建立与“一行三会”及在京管理机构的沟通合作机制，争取政策突破和创新在我区先行先试。

（27）资金保障。涉及的支持资金从海淀区加快核心区自主创新和产业发展专项资金中安排。

二、石景山区

为贯彻落实北京市委、市政府关于加快西部地区转型和国家服务业综合改革试点区建设的意见，在中关村管委会和北京市金融局的大力支持指导下，石景山区加大现代金融主导产业的培育力度，加快推进互联网金融产业发展。2013 年 8 月 30 日上午，石景山区召开国家服务业综合改革试点区互联网金融产业基地揭牌新闻发布会，作为北京市互联网金融产业基地，这里为北京未来金融产业的发展提供新的舞台。

2013 年上半年北京市经济工作会议明确指出未来将大力发展互联网金融产业。石景山区积极响应北京市的号召，率先吹响互联网金融产业发展的号角。该区将依托中关村科技园区石景山园的西山汇、北Ⅰ区和新首钢高端产业综合服务区的部分区域，形成建筑规模 20 万平方米的互联网金融产业基地。

在揭牌仪式上，石景山区发布了支持互联网金融产业发展的暂行办法，为互联网金融产业发展提供一系列人才、政策、服务保障。该办法中明确提出，将互联网金融作为推进国家服务业综合改革试点区建设的重要内容，发挥政府引导基金的杠杆作用，吸引社会资本共同参与发起设立互联网金融产业投资基金，扶持互联网金融企业发展，加快培育龙头企业。该区将每年安排 1 亿元专项资金用于支持互联网金融产业基地建设、完善基础配套设施、奖励产业人才。此外，石景山区还将给予这类企业金融创新资金、房租补贴、一次性开办补贴等一系列优惠

政策。

为强化内生动力，提升发展后劲，该区还将加大力度，支持面向互联网金融企业的孵化机构发展，根据其服务能力、管理面积、孵化企业数量和效果等情况，给予适当资金补贴。传统金融机构向互联网化升级，也将得到政府的支持。银行、证券、保险、融资担保、小额贷款等金融机构积极探索开展互联网金融业务，全面提升传统金融的服务深度和广度，推出受金融业界和金融消费者肯定的重大创新产品、技术和服务，经认定后都将给予奖励。

石景山区将建设以大数据为基础、两大组团为核心的新型互联网金融产业园区。目前，该产业园的龙头企业——中国保险信息技术管理有限责任公司已经入驻园区，将积极推进全国保险数据平台落户石景山，并以此为基础建设大数据开发中心、云计算基地，集中各类信息处理公司、中间信息服务商等数据处理业态，为互联网金融发展奠定技术基础。此外，将重点集聚两大产业组团，其中以促进传统金融机构互联网化升级的产业组团，将致力于吸引传统金融机构的电子、信息、数据事业部以及网络银证保等服务业态；而以创新型互联网金融服务为主的产业组团，将吸引互联网非银行金融机构、金融服务公司、物联网供应链金融、小额信贷、金融产品垂直搜索与销售等为代表的专业化互联网金融机构。

在产业发展过程中，石景山区将着重发挥产学研联合发展的力量，为互联网金融的发展提供一体化的支撑。在北京市金融工作局的支持指导下，区政府将联合清华大学五道口金融学院共同成立北京互联网金融研究院，实现石景山区金融创新研究与资源整合。将成立“北京市互联网金融联盟”，推动行业标准研究与制定，培育一批高水平的专业人才。此外，还将成立互联网金融资信公司，建立互联网金融征信平台。区政府将与首钢总公司共同设立总规模为 3 亿元的互联网金融产业投资基金，专门投资于初创期和成长期的企业。

在转型发展的过程中，石景山区大力发展现代金融产业，不到三年时间，汇聚了上百家金融企业。北京市资金量最大的小额贷款公司、北京市首只政府和特大企业共同设立的股权投资基金、全国首家文化创意中小企业集合票据等一系列金融创新产品的推出，使石景山区在差异化竞争中开辟出了自己的一片天地，使得向来偏爱布局于核心城区的金融业，开始纷纷在石景山落下棋子。互联网金融产业基地的揭牌，为石景山区发展金融产业开辟了新的天地，也将为北京市未来金融产业的发展提供崭新的舞台。

1. 为贯彻北京市《关于加快西部地区转型发展的实施意见》，落实《关于加快推进石景山区国家服务业综合改革试点区发展的意见》，进一步优化石景山区互联网金融产业发展环境，促进石景山区互联网金融产业发展，根据国家、北京市的有关法律、法规、政策，制定本办法。

2. 石景山区金融服务办公室负责本办法的管理和实施工作。

3. 本办法所指的互联网金融是互联网和金融相结合的新兴领域，是借助互联网技术、移动通信技术实现资金融通、支付和信息中介等业务的新兴金融模式。

4. 本办法所适用企业必须同时具备以下条件：

（1）从事互联网金融业务；

（2）2013 年 1 月 1 日后设立或迁入石景山区；

（3）在石景山区进行工商注册和税务登记；

（4）经营领域符合国家、北京市和石景山区相关政策。

5. 将互联网金融作为推进国家服务业综合改革试点区建设的重要内容，在中关村科技园区石景山园建设互联网金融产业基地。

6. 鼓励互联网金融企业在石景山区设立和发展，支持企业在名称中使用“金融信息服务”字样，根据行业主管部门的审批结果核准经营范围，政府相关部门为企业提供高效便捷的准入服务。

7. 发挥政府引导基金的杠杆作用，吸引社会资本共同参与发起设立互联网金融产业投资基金，扶持互联网金融企业发展，加快培育龙头企业。

8. 设立互联网金融产业发展专项资金，每年安排 1 亿元，用于支持互联网金融产业基地建设、完善互联网金融基础配套设施，对互联网金融创新有重要贡献的杰出人才和核心骨干给予奖励。

9. 2013 年 1 月 1 日以后新设立或迁入石景山区，具备独立法人资格的互联网金融企业，三年内每年按其对区财政贡献额的 50% 提供金融创新资金支持。

10. 鼓励互联网金融企业在石景山区内购（租）房。购买自用办公用房从事互联网金融业务的，经认定后可以享受购房补贴，补贴标准不低于 1000 元/平方米；租赁自用办公用房从事互联网金融业务的，经认定可以享受三年租金补贴，第一年补贴 50%，第二年补贴 30%，第三年补贴 20%。经认定符合条件的互联网金融企业可享受一次性开办补贴 100 万元。

11. 加大对互联网金融龙头企业的支持力度，对区域经济发展做出重大贡献或在国际国内具有较大影响力的互联网金融龙头企业，经认定后可实行“一企一策”。

12. 支持面向互联网金融企业的孵化机构发展，根据其服务能力、管理面积、孵化企业数量和效果等情况，给予最高不超过 1000 万元的资金补贴，连续支持不超过两年。对于新认定的中关村互联网金融创新型孵化器，原则上给予最高不超过 100 万元的一次性资金支持。

13. 支持传统金融机构互联网化，积极探索银行、证券、保险、融资担保、小额贷款等金融机构开展互联网金融业务，全面提升传统金融的服务深度和广度。鼓励金融机构推出受金融业界和金融消费者肯定的重大创新产品、技术和服务，经认定后给予一次性奖励。

14. 提高互联网金融服务民生及中小微企业发展的能力。鼓励金融机构建立面向中小微企业的线上、线下多层次服务体系，在融资规模、周期、成本等方面提供更具有针对性和灵活性的服务，提升融资效率。金融机构通过互联网模式切实降低中小微企业融资成本的，按相应额度给予一定补贴。

15. 联合国内知名院校共同开办北京互联网金融研究院。开展互联网金融产业理论研究，探索创新发展路径，开展互联网金融行业标准研究，推动研究成果转化，加快培养互联网金融人才，提升互联网金融人才可持续发展能力。

16. 支持建立互联网金融产业联盟，整合互联网金融产业资源，加强行业自律，实现合作共赢，协同发展。

17. 支持建立互联网金融信用信息平台，加强信用制度建设和体制机制创新，支持成立互联网金融征信公司，探索互联网金融风险控制机制。加强互联网金融统计服务，建立石景山区金融信息数据库，建立互联网金融企业与商业银行、保险等机构的网上业务接口，实现网上供需信息的实时对接。

18. 支持互联网金融重点企业享受北京市和石景山区人才服务政策。包括高端人才落户、医疗、子女教育、人事档案管理、职称评定、社会保障手续办理等专业化服务。

19. 建立完善的互联网金融中介服务体系，营造良好的互联网金融发展生态环境。发挥会计、法律、信用评级、担保、咨询等专业服务机构的优势，不断完善和优化互联网金融专业服务体系。

20. 进一步优化政府服务环境，建立有关部门共同参加的互联网金融联动工作机制，建立金融监管部门和行业主管部门的沟通会商机制；支持符合条件的互联网金融企业获得各类行业准入许可；支持互联网金融产业基地企业申报国家服务业综合改革试点区项目，鼓励企业承担相关产业平台建设任务。提供互联网金融企业在发展过程中需要的行政支持和协调服务，从搭建服务平台、创新服务方式等方面加强组织实施。

第二节　上海

一、互联网金融发展促金融中心建设

科技与金融的结合不仅仅体现在微观层面，更推动着上海国际金融中心的建

设。上海金融中心是一个新型的金融中心。这个新型指要有现代的科技，用现代的技术，当然主要是经互联网网络的技术来进一步打造上海国际金融中心，这会使上海国际金融中心建设在赶超方面提供更多的动力和更多的机遇，同时也会提供更多的手段。

一批新型互联网金融机构在上海纷纷涌现，而且，已有的金融机构，无论是商业银行，还是保险、证券、信托、基金等金融机构，纷纷利用互联网技术拓展业务，发展促进金融模式转换，更多提供金融服务。上海抓住了这样一个机遇，初步实现了互联网金融发展和上海国际金融中心建设相互的促进，已经取得了良好的效果。

上海进一步加快互联网金融业态发展。未来上海将进一步优化和完善互联网金融发展的环境，为金融中心建设创造更有利的条件，包括鼓励互联网领域的业务和模式创新。抓住互联网大趋势，在金融服务的领域、金融服务的方式和金融创新的一些模式方面，紧紧围绕服务实体经济这一根本目标，鼓励支持各类企业进行互联网金融新型业态的创新，既支持传统的已有的这些机构通过互联网加快实现机构业务转型和服务的拓展，同时也鼓励和支持新的业态、新的模式和新的互联网金融的企业在上海加快发展。

二、陆家嘴打造“升级版”金融城

近年来，互联网金融在国内如雨后春笋般兴起，引起各方广泛关注。作为上海国际金融中心的核心功能区，陆家嘴已经把发展互联网新兴金融作为打造“升级版”金融城的重要抓手。在陆家嘴金融贸易区发布的“陆九条”中，浦东从办公场所、市场准入、财力扶持、创新奖励和人才服务等方面明确了对互联网新兴金融机构的支持。从具体内容看，这些支持可谓“软硬兼施”：如在办公场所方面，政府和国资联手，拿出近万平方米的甲级写字楼，同时还利用老旧商业楼宇二次改造的机会，在陆家嘴中心商务区设立产业园。通过控制租金水平，让草根互联网金融企业实现“拎包入住”。

此外，“陆九条”还支持企业在名称中向工商部门申请试用“互联网金融”“网络金融”字样。对新引进的新型金融企业，视其品牌和行业地位，给予一定的绩效性落户补贴、经济贡献度补贴等。“陆九条”几乎覆盖所有基于互联网的新型金融业态，让新兴金融企业享受与传统“银证保”机构类似的扶持。

作为国内唯一一家以“金融贸易”命名的国家级开发区，陆家嘴金融贸易区拥有国内最为完备的金融市场体系、金融基础设施和金融生态环境，目前已聚集719家银、证、保等持牌金融机构，还拥有央行上海总部、上交所、上期所、中金所、中国银联等一批系统重要性机构和功能性机构。对金融行业的熟悉，使陆家嘴在扶持互联网金融时，没有简单采用优惠政策，而更重视营造更为完善的软硬环境。

在发布“陆九条”的同时，陆家嘴管委会与平安信托、广发证券、瑞银证券和中欧基金等知名金融机构合作建立了陆家嘴互联网新兴金融产业园，并在产业园这个“大平台”发展各具特色的“小平台”，为入驻的初创企业提供包括产品设计、托管、清算、交易等专业化服务。

新兴金融机构如对冲基金和私募基金，5 亿元的资金规模，可能只需要 8 ~ 10 人的投研团队。他们不缺钱，但缺各种专业化服务。陆家嘴管委会引导新兴金融机构和传统金融机构对接，让两者融合发展。

在“大”“小”平台的支持下，目前一批互联网金融企业入驻陆家嘴，如网易设立的小贷平台和盛大设立的金融服务平台。陆家嘴将重点发展基于移动互联网、大数据、云计算等信息技术，包括资金融通、支付、结算在内的多种金融业态。力争在 3 年内，引进各类新兴金融企业 1000 家以上，行业领军企业 100 家以上。

浦东在发展互联网新兴金融时，将运用“业界自治”的思维。由陆家嘴管委会牵头成立陆家嘴互联网金融协会，探索行业自律和自我管理。未来对新兴金融企业的财政扶持资格认定、产业标准制定和人才培训培养等公共事务，逐步由政府委托社会组织承办，加快政府职能转变。

三、上海发布关于促进本市互联网金融产业健康发展的若干意见

互联网金融是基于互联网及移动通信、大数据、云计算、社交平台、搜索引擎等信息技术，实现资金融通、支付、结算等金融相关服务的金融业态，是现有金融体系的进一步完善和普惠金融的重要内容。其表现形式，既包括以互联网为主要业务载体的第三方支付，金融产品销售与财富管理，金融资讯与金融门户，金融大数据采掘加工，网络融资与网络融资中介等新兴、新型金融业态；也包括持牌互联网金融机构，以及各类持牌金融机构设立的主要从事互联网金融相关业务的法人机构或功能性总部。

为把上海建成互联网金融发展的高地，进一步提升上海国际金融中心的影响力、辐射力、创新力和资源配置能力，推动中国（上海）自由贸易试验区金融改革创新，助力上海打造具有全球影响力的科技创新中心，现就促进上海市互联网金融产业健康发展提出如下若干意见：

1. 明确指导思想，突出“四个坚持”

（1）坚持服务实体经济，促进产业转型升级。鼓励互联网金融为符合国家

及本市产业导向领域的中小微企业和家庭居民提供多样、灵活的金融服务；支持互联网金融与电子商务、现代物流、信息服务、跨境贸易等领域融合发展，促进相关行业转型升级。

（2）坚持鼓励金融创新，形成竞争发展格局。切实转变观念、创新政府管理模式，以更加包容的态度支持互联网金融企业与持牌金融机构在互联网金融领域进行产品创新、技术创新、服务创新、管理创新和模式创新，在细分领域和行业解决方案方面做专、做深、做精、做细，错位竞争、特色发展，持续提升核心技术水平和综合竞争力。

（3）坚持营造发展环境，完善行业基础设施。立足当前、着眼长远，整合现有政策资源，加强人才培育、研究创新、信用体系、法治环境等方面的基础设施建设，着力营造有利于行业健康发展的良好环境。

（4）坚持规范健康发展，切实防范金融风险。坚持底线思维，妥善处理互联网金融创新发展和风险防范的关系，切实加强投资者教育与金融消费者权益保护，引导互联网金融企业合理有序竞争、规范健康发展。

2. 加强政策支持，促进集聚发展

（5）鼓励有条件的企业发展互联网金融业务、申请有关业务许可或经营资质。鼓励有条件的企业在本市发起设立以互联网为主要业务载体或以互联网业务为主要服务领域的各类持牌金融机构。支持电子商务平台等大型互联网企业在本市设立小额贷款、融资担保、融资租赁、商业保理等新型金融企业。支持有条件的互联网金融企业依法申请有关金融业务许可或进行有关金融业务备案，申领增值电信业务经营许可等经营资质。允许主要从事互联网金融业务的企业在名称中使用“互联网金融”或“网络金融”字样，并在工商登记等环节提供便利。

（6）加大对互联网金融企业的支持培育力度。对互联网金融领域的新兴业态和创新模式，本市战略性新兴产业发展专项资金、服务业发展引导资金、高新技术成果转化专项资金等财政资金予以重点支持。支持有条件的互联网金融企业进行软件企业、高新技术企业、技术先进型服务企业等方面认定，按照规定享受相关财税优惠政策。

（7）拓宽互联网金融企业融资渠道。充分发挥上海市大学生科技创业基金、上海市创业投资引导基金等政策性基金的助推作用，探索设立主要投向互联网金融领域早期创业企业的创业投资基金和天使投资基金。支持社会资本发起设立互联网金融产业投资基金、并购基金，鼓励各类机构投资有发展潜力的互联网金融企业。支持互联网金融企业在境内外多层次资本市场上市（挂牌）。

（8）支持持牌金融机构向互联网金融领域拓展转型。支持银行业、证券业、保险业持牌金融机构积极开展互联网金融领域的产品和服务创新，提升金融服务的广度、深度和能级。对持牌金融机构在沪设立的主要从事互联网金融相关业务的法人机构或功能性总部，市、区县两级政府可根据相关政策给予支持。

(9) 鼓励互联网金融企业合理集聚。积极支持有条件的区县、园区结合自身产业定位，建设有特色的互联网金融产业基地（园区），制定有针对性的政策措施，引导互联网金融企业合理集聚。对优秀互联网金融产业基地（园区），市、区县两级政府可给予一定支持。

3. 加强基础建设，营造发展环境

(10) 吸引集聚互联网金融人才。支持互联网金融企业的高级管理人员和高级技术人才享受本市人才引进政策，在居住证等入沪手续办理方面提供便利。支持做出突出贡献的互联网金融企业高级管理人才和技术人才申报本市有关高级人才项目。支持高等院校、专业机构加强互联网金融领域人才培训，探索开展从业人员资质认证，对有关培训认证费用可给予适当补贴。

(11) 鼓励互联网金融领域研究创新。鼓励互联网金融企业、持牌金融机构、高等院校等开展互联网金融产业理论、标准、技术和产品等方面的研究。支持设立专业化的互联网金融研究机构，打造具有国际、国内影响力的互联网金融论坛。对互联网金融领域的重要创新成果，支持申报本市金融创新奖。

(12) 加强互联网金融领域信用体系建设。支持互联网金融企业充分利用各类信用信息查询系统，规范信用信息的记录、查询和使用。支持信用服务机构面向互联网金融领域加强信用产品研发和服务创新，建设互联网金融信用信息服务平台。对为互联网金融企业提供专业信用服务的机构，可按照规定给予一定支持。支持市公共信用信息服务平台与互联网金融企业加强合作，促进公共信用信息、金融信用信息、社会信用信息互动共用。

(13) 完善配套支持体系。鼓励持牌金融机构与互联网金融企业在客户资金存管（监管）、渠道营销、风控外包等方面开展深度合作，构建互联网金融产业联盟，促进信息技术手段与金融业务的融合运用。支持设立、发展提供数据存储及备份、云计算共享、大数据挖掘、信息系统及数据中心外包、信息安全维护等基础服务的机构，支持建立互联网金融数据共享交换平台。

(14) 营造良好的法治环境。探索开展互联网金融相关领域地方立法研究，加大对互联网金融企业专利、软件、品牌等知识产权的保护力度。充分发挥上海金融法治环境建设联席会议等工作机制的作用，针对互联网金融行业特点，着力营造良好法治环境。

4. 强化风险防控，引导规范发展

(15) 严厉打击互联网金融领域各类违法犯罪行为。充分发挥本市金融稳定例会、打击非法金融活动领导小组等工作机制的作用，积极配合中央金融监管部

门开展工作，严厉打击互联网金融领域的非法集资、洗钱犯罪、恶意欺诈、虚假广告、违规交易、买卖客户信息等违法犯罪行为。

（16）引导互联网金融企业增强合规经营意识、提升风险防控能力。引导互联网金融企业明确经营“底线”、政策“红线”，健全风险管理、信息披露、纠纷处理等方面的内控机制。推动互联网金融企业开展客户资金存管（监管）、做实各类准备金账户，切实提升自身风险防控能力。推动互联网金融企业提升信息技术水平与信息安全防护能力，强化对企业金融数据和客户信息的安全保护。

（17）支持开展行业自律与第三方监测评估。支持建立互联网金融行业协会、联盟，制定自律公约、行业标准，加强对会员企业及其从业人员的职业道德和职业纪律约束。充分发挥第三方机构作用，探索对有关领域互联网金融活动开展监测评估，建立社会力量参与市场监督的工作机制。

（18）健全互联网金融风险防控与安全保障机制。针对互联网金融特点，探索建立行业风险监测、预警和应急处置机制。配合国家相关部门健全互联网金融领域支付安全、信息安全等方面的监管制度、技术规范及标准体系。加强相关政府部门间的信息共享，完善本市互联网金融企业及其从业人员诚信体系。

（19）加强投资者教育和金融消费者权益保护。通过电视、广播、报刊、网络等多种形式，加强互联网金融适当性教育，提高投资者风险意识及产品认知、风险识别能力。畅通互联网金融消费投诉渠道，加强金融消费者权益保护。

5. 健全工作机制，完善部门协同

（20）健全促进本市互联网金融产业健康发展的工作机制。由本市相关部门、中央在沪监管单位参与，建立本市互联网金融产业发展联席会议（以下简称联席会议）。联席会议主要职责是跟踪分析互联网金融产业发展的新情况、新问题，积极向国家有关部门争取先行先试政策，研究确定本市互联网金融产业发展的重点领域和政策措施，协调解决互联网金融产业发展中遇到的困难和问题，推动完善互联网金融领域风险防控和应急处置机制。

第三节 广东

一、广州

广州在发展互联网金融方面相比其他城市，在大数据、云计算、人工智能等方面拥有较多的先天优势：电子信息产业均值高于全省的平均水平，广州“天河二号”科技基础设备，是全国三大通信和互联网枢纽之一，拥有最大的国际出口带宽容量，在近年涌现出一批在全国科技领先的人工智能公司，这些为金融科技的发展奠定了硬件基础。

近几年，广州加快金融功能区建设，广州民间金融街、天河 CBD、广州中小微企业金融服务区、海珠万胜广场被选定为互联网金融产业基地。广州民间金融街经三期建设，共集聚各类机构 158 家，集聚民间资本 150 亿元，累计为市内 13000 余家小微企业和个人提供融资 1500 亿元。广州国际金融城已有 5 家金融机构购地建楼，近 60 家金融及相关机构有意进驻。广州金融创新服务区集聚股权投资机构 51 家，基金规模近 200 亿元，金融设备制造业全国领先。南沙现代金融服务区已集聚金融和类金融机构超过 200 家，集聚融资租赁公司超过 60 家，工银租赁在南沙设立广州天岭飞机租赁有限公司，跨境人民币贷款试点正式实施。增城农村金融改革创新综合试验区大力完善现代农村金融服务体系，广州中小微企业金融服务区已进驻各类机构 276 家，其中金融机构 32 家。

截至 2016 年 12 月底，广州持有第三方支付机构共有 9 家，其中拥有互联网支付业务牌照的有 5 家；注册的众筹平台共有 12 家，消费金融公司共有 3 家。2016 年广州 P2P 网贷平台全年累计成交额达 1626.59 亿元，环比 2015 年增长超过 118%。

为推进互联网金融产业在广州市创新、集聚、规范发展，抢占金融发展制高点，促进区域金融中心建设，2015 年 1 月广州市发布关于推进互联网金融产业发展的实施意见：

（一）总体要求

1. 重要意义。近年来，以第三方支付、P2P（点对点）网络贷款、众筹平台等为代表的互联网金融企业，依托大数据、云计算、搜索引擎、社交网络等互联网信息技术，发展迅猛，深刻影响并不断改变中国金融业发展格局。作为国家中心城市、中国移动互联网的起源地、国家电子商务示范城市和在全国具有重要影响力的区域金融中心，广州具有发展互联网金融产业的有利条件和坚实基础。大力发展互联网金融产业，对于完善普惠金融服务体系、打造财富管理中心、提升区域金融中心集聚辐射力、支撑实体经济发展、促进产业转型升级等具有重要意义和作用。

2. 总体思路。紧紧抓住大数据时代中国金融业发展的新机遇，将互联网金融产业作为广州区域金融中心建设新的重要突破口，以更具前瞻性的视野、更富包容性的态度、更有创新性的举措大力推进，始终坚持服务实体经济发展和促进区域金融中心建设的基本原则，积极营造适合互联网金融创新创业的条件和环

境，牢牢守住不发生区域性、系统性风险的底线，全面推动互联网金融产业实现快速、健康、创新发展。

3. 发展目标。力争在三年内建成3～5个各具特色的互联网金融产业基地，集聚一批实力雄厚的互联网金融龙头企业，打造若干个品牌卓越的互联网金融服务平台，将广州建设成为互联网金融业态丰富、运行稳健、创新活跃、服务高效、环境优良，在全国具有重要地位和广泛影响力的互联网金融中心城市。

（二）大力发展互联网金融产业

4. 发展第三方支付机构。支持第三方支付机构与金融机构共同搭建安全、高效的在线支付平台，开展在线支付、跨境支付、移动支付、基金销售支付等业务。争取国家金融监管部门支持，引导符合条件、有产业支撑的机构设立更多以网络支付为主营业务的第三方支付机构。支持第三方支付机构通过并购等多种方式做大做强。

5. 发展P2P网贷机构。支持P2P网贷机构加强信息披露，接受市场和投资者的监督。引导P2P网贷机构采取由第三方托管资金、设立风险保障金以及引入第三方担保、基金担保、保险担保主体等措施，健全风险控制体系，规范稳健运营。支持广州地区的企业集团或金融控股集团发起设立P2P网贷机构，利用集团资源优势做大做强，完善集团产业链条。支持P2P网贷机构明确市场定位，创新产品，加快发展，形成特色与品牌。

6. 发展众筹平台。加大政策扶持力度，引导各类众筹平台在广州市集聚发展，大力开展股权众筹、实物众筹等业务。支持各类要素交易平台大力开展众筹业务，完善平台服务功能。支持广州股权交易中心发展“青创板”股权众筹平台，引导各类创业资金进入“青创板”，提高股权众筹对接效率，打造全国青年创业项目和创业企业综合金融服务的知名品牌。

7. 发展互联网金融机构。支持互联网保险机构开展网络安全、电子商务、网购消费者权益保护、社交网络等与互联网相关的财产保险业务，创新与互联网金融特点相适应的履约保证保险或其他担保模式，大力发展网络健康险。依托大型电商企业在我市设立一批互联网特色小额贷款公司，通过互联网平台、大数据技术开展经营活动，促进电子商务产业加快发展。支持符合条件的各类机构发起设立网络银行、网络保险公司、网络证券公司、网络基金公司等创新型互联网金融机构。

8. 发展互联网金融相关及配套服务机构。创造良好的条件，大力支持以互联网为主要业务载体的金融产品销售、金融资讯与金融门户、金融大数据采集、数据存储备份、销售结算等互联网金融相关及配套服务机构加快发展，优化互联网金融发展环境。

9. 引导传统金融机构与互联网融合发展。支持银行、保险机构通过互联网、移动终端等渠道提供金融产品和服务，开展直销业务或探索设立直销银行、保险机构，完善线上线下服务体系。支持证券公司、基金期货公司与大型电商企业、第三方支付机构等合作开展互联网理财业务，开设网上直销平台，推动证券基金行业转型升级。支持金融机构、大型电商企业等设立各类主要从事互联网金融业务的法人机构或功能性总部机构。引导传统金融机构及小额贷款公司、融资性担保公司等民间金融组织与互联网金融企业加强业务合作，做大金融市场规模，完善金融服务体系。

10. 规划建设互联网金融产业基地。支持我市越秀、天河、增城等有条件的区（县级市）依托各自优势选址建设互联网金融产业基地，引导互联网金融企业集聚发展。支持互联网金融产业基地建设大数据存储、宽带基础设施等互联网金融基础设施，向互联网金融企业提供云计算标准接口服务、大数据集中处理标准化服务、金融后台集成服务、金融上下游资源垂直搜索引擎等标准化技术服务或产品。支持互联网金融产业基地依托广州超算中心的信息处理和服务能力开展互联网金融技术创新。

11. 探索建设广州金融大数据系统。依托政府公共信息平台，整合广州地区大型商业公司、电商企业、银行、小额贷款公司、融资性担保公司、各类要素交易平台、电信、大型社交网站的用户交易记录、支付记录等数据信息，探索建设广州金融大数据系统，为互联网金融发展提供强大的后台支撑。

12. 成立互联网金融产业联盟服务平台。成立由金融机构、投资机构、互联网金融企业、互联网金融产业基地、金融市场服务机构、互联网金融研究机构、大专院校等参加的广州互联网金融产业联盟服务平台，制定互联网金融行业经营规范标准，加强联盟成员间的沟通交流，实现优势互补、合作共赢、协同创新、规范自律。

（三）加大对互联网金融的扶持力度

13. 支持互联网金融企业注册登记。允许互联网金融企业在工商部门登记企业名称和经营范围时使用“互联网金融信息服务”或“网络金融信息服务”等内容。

14. 对互联网金融企业给予一次性落户奖励。互联网金融属于金融新业态范畴，我市互联网金融企业可享受《广州市人民政府关于支持广州区域金融中心建设的若干规定的通知》的有关扶持政策。对法人机构在广州注册、规模大、经营规范、行业影响力强的互联网金融企业给予一次性落户奖励。企业年利润总额达1亿元（含）以上的，一次性奖励1000万元；企业年利润总额1亿元以下、5000万元（含）以上的，一次性奖励500万元；企业年利润总额5000万元以

下、2000万元（含）以上的，一次性奖励200万元；企业年利润总额2000万元以下、1000万元（含）以上的，一次性奖励100万元。本实施意见有效期内互联网金融企业只能申请一次落户奖励。

15. 对互联网金融企业给予业务补贴。法人机构在广州注册、营业收入排名广州地区前20名的互联网金融企业提供融资或金融服务，如能达到下列条件，则按以下标准给予业务补贴：企业年度营业收入总额达5000万元以上的，补贴100万元；企业年度营业收入总额达2000万~5000万元（含）的，补贴60万元；企业年度营业收入总额达1000万~2000万元（含）的，补贴30万元；企业年度营业收入总额达500万~1000万元（含）的，补贴15万元。

16. 大力培养引进互联网金融人才。对入选广州高层次金融人才的互联网金融人才，按《广州市高层次金融人才支持项目实施办法（试行）》的规定给予补贴。对法人机构在广州注册且持续规范经营，年度利润总额达到1000万元（含）以上的互联网金融企业高级管理人员，可按照《广州市人民政府关于印发支持广州区域金融中心建设的若干规定的通知》给予每月1000元住房补贴。

17. 支持互联网金融项目参评广州市有关金融创新奖励。具有较高创新价值和广泛影响力的互联网金融项目，可根据《广州市人民政府关于印发支持广州区域金融中心建设的若干规定的通知》参评广州市有关金融创新奖励。

18. 出台推进互联网金融产业基地建设的政策措施。互联网金融产业基地所在区（县级市）政府应出台扶持政策措施，对在互联网金融产业基地落户的互联网金融企业购买或租赁办公用房、业务发展等给予区（县级市）级财政资金扶持，加快公共基础设施建设，整合楼宇资源，营造促进互联网金融企业集聚发展的良好环境。互联网金融产业基地所在区（县级市）可组织符合条件的项目申请市战略性主导产业发展资金补助。

19. 支持互联网金融企业多渠道融资。引导社会资本设立互联网金融产业投资基金，对处于种子期、初创期、成长期的互联网金融创新项目加以培育。支持互联网金融企业上市融资和在全国中小企业股份转让系统、广州股权交易中心挂牌交易，支持互联网金融企业发行企业债券、公司债券、短期融资券、中期票据、中小企业私募债等债务融资工具，探索开展资产证券化业务，拓宽资金来源渠道。

（四）营造良好的互联网金融发展环境

20. 完善互联网金融市场环境。加快社会信用体系建设，营造良好的互联网金融发展信用环境，探索推动互联网金融企业接入人民银行征信系统。引导电商企业、互联网金融企业等发起设立互联网金融信用机构，为互联网金融发展提供信用信息服务。引导社会化的创业服务机构为互联网金融企业提供注册设立、融资对接、信用评估、财务核算、业务营销、人才招聘等专业化服务。支持会计、审计、法律、信用评级、担保、咨询等金融市场服务机构为互联网金融企业提供配套服务。

21. 优化互联网金融政务与法制环境。工商、税务等部门为互联网金融企业办理注册登记等事项提供优质高效政务服务。支持广州金融仲裁院充分利用仲裁方式解决互联网金融纠纷，研究出台互联网金融仲裁指导意见，形成专门的互联网金融仲裁员队伍。

22. 营造互联网金融社会环境。依托广州国际金融研究院，成立广州互联网金融研究中心研究互联网金融重大课题，成立广州互联网金融实训室开展互联网金融实务操作训练。依托广州互联网金融产业联盟服务平台举办互联网金融创新大赛、互联网金融论坛、互联网金融文化沙龙等活动。依托中国（广州）国际金融交易·博览会开展互联网金融宣传、产品营销和文化交流活动。依托广州社区、农村金融服务站开展互联网金融知识进社区、进农村活动。支持互联网金融专著参评全国金融图书“金羊奖”。引导媒体加大对互联网金融的正面宣传力度，营造有利于互联网金融产业发展的舆论环境。

（五）建设互联网金融安全运行区

23. 强化互联网金融外部监管。按照国家对互联网金融监管的要求，强化各部门之间的协调联动，形成良好的互联网金融监督管理协调合作机制，加强对互联网金融企业的风险监测、预警和处置。严厉打击利用互联网技术或以互联网金融名义开展的非法集资、非法证券、内幕交易、非法外汇、非法支付结算等各类违法犯罪活动。支持国家金融监管部门开展互联网金融法制教育和警示宣传活动，对投资者普及互联网金融知识和开展投资风险教育，增强其对互联网金融的风险防范能力，保护金融消费者的合法权益。

24. 加强互联网金融行业自律。充分发挥互联网金融产业联盟服务平台或行业协会等组织的作用，制定自律公约、行业标准，加强会员间的信息交流和行业自律。

25. 完善互联网金融企业内部风险防控机制。引导互联网金融企业强化金融风险意识，认真执行国家有关监管规定，借鉴金融机构开展内部风险控制的经验做法，完善法人治理结构，建立健全各项内部管理和风险控制制度，强化信息披露，形成规范经营、稳健发展的互联网金融企业经营文化。

（六）保障措施

26. 建立互联网金融产业发展部门联席会议。建立由人民银行广州分行营业管理部、广东银监局、广东证监局、广东保监局，市金融办、发展改革委、财政局、经贸委、工商局、科技和信息化局、公安局，各互联网金融产业基地所在区

（县级市）政府等组成的广州互联网金融产业发展部门联席会议，研究广州互联网金融产业发展的重大项目和重大问题，联席会议办公室设在市金融办，如有必要时可提请分管市领导协调。

27. 加大财政资金扶持。互联网金融企业可按规定申报我市战略性主导产业发展资金的扶持和奖励。市金融办会同市财政局等单位做好资金的申报、审核、报批和下达资金等工作，具体办法另行制定；互联网金融人才补贴按照高层次人才专项资金要求申报、审核和下达资金。

28. 加强人才保障。综合运用政府组团招聘、网络招聘、市场招聘、定向猎取等方式引进一批互联网金融领军人才、高级管理人才和高级专业人才。支持互联网金融产业联盟服务平台等主体在互联网金融产学研等领域加强合作，培育互联网金融人才，开展互联网金融从业人员培训活动，提高从业人员综合素质。支持金融机构或大型互联网金融企业建立互联网金融博士后工作站。

29. 推进落实重点项目。明确广州互联网金融产业发展的重点项目和重点工作，建立重点项目储备库，对重点项目和重点工作进行动态管理，实施重点项目责任制和评估机制，确保落实推进。

二、深圳

深圳市政府通过了《深圳市人民政府关于充分发挥市场决定性作用全面深化金融改革创新的若干意见》，统筹规划互联网金融孵化基地和产业园，加大对互联网金融企业的支持力度，培育互联网金融龙头企业。

为进一步丰富深圳金融改革创新内涵，抢占新一轮互联网金融发展先机，推动互联网金融集聚创新发展，构建市场化、信息化、现代化金融服务体系，巩固提升深圳金融中心地位，深圳市人民政府出台了关于支持互联网金融创新发展的指导意见。

1. 充分认识互联网金融创新发展的重要意义

（1）互联网金融作为金融业与互联网产业、现代信息技术产业相互融合的产物，是当前极具创新活力和增长潜力的新兴业态，也是新时期我国金融改革创新的重点领域。经过30多年发展，深圳已成为全国重要的金融中心和高新技术产业基地，金融创新能力突出、互联网产业发达、社会资本充沛，为互联网金融发展奠定了坚实基础。大力推动互联网金融发展，进一步发挥金融创新对实体经济的服务支撑作用，培育新的经济增长点，对我市实现有质量的稳定增长、可持续的全面发展意义重大。各区政府（新区管委会）、市直各单位、驻深各金融监管部门，要深刻认识互联网金融对全市转变经济发展方式、促进产业转型升级的重要作用，把握政策机遇，充分集聚资源，营造良好的金融创新环境，推动互联网金融健康快速发展，持续增强金融业竞争力，构建新时期深圳经济特区金融创新发展新优势。

2. 指导思想和发展目标

（2）指导思想。紧紧围绕中央全面深化改革的战略部署，坚持“市场主导、开放引领、创新驱动、服务导向”原则，以金融服务实体经济为出发点，以市场化配置金融资源为主线，加快构建更加完善的互联网金融政策体系，促进金融与网络信息技术深度融合，拓宽互联网企业进入金融领域渠道，推动互联网金融创新发展、集聚发展、规范发展，进一步激发金融改革创新活力，促进新时期深圳金融业实现跨越式发展。

（3）发展目标。依托深圳高新技术产业发达、互联网资源丰富和金融创新突出的优势，着力推动互联网和金融的融合，进一步拓展金融产业链，创新金融产品和服务模式，着力培育和发展一批行业地位居前、特色鲜明、竞争力强的互联网金融企业，加快构建互联网金融创新集聚区，形成传统金融与互联网金融良性互动、共生发展的新格局，进一步巩固和提升深圳全国金融中心地位。

3. 推动互联网和金融产业融合发展

（4）推动金融业依托互联网转型升级。支持符合条件的各类机构依法发起设立网络银行、网络保险、网络证券和网络基金销售等依托互联网为运营载体和销售渠道的创新型网络金融机构。支持金融机构与互联网企业开展多元化合作，创新产品服务和商业模式，培育衍生新型互联网金融业态。鼓励金融机构利用互联网云计算、移动通信、大数据等技术手段，改变传统金融的运营模式和体制机制，全面提升服务广度和深度。

（5）拓宽互联网企业进入金融领域渠道。支持互联网企业依法发起设立或参股商业银行、证券、基金、期货、保险、消费金融、汽车金融、金融租赁和金融电商等各类金融机构。支持互联网企业通过发起设立、并购重组等方式控股或参股小额贷款、融资担保、融资租赁、典当投资、股权投资、要素平台等新型金融机构。支持互联网企业依托互联网技术和线上线下资源优势，发起或参与设立第三方支付、移动支付、众筹融资、电商金融等机构。

4. 支持互联网金融运营模式创新

（6）鼓励互联网金融开展业务创新。支持互联网金融企业探索建立面向中小微型企业线上、线下的多层次投融资服务体系，在融资规模、周期、成本等方面提供更具针对性和灵活性的产品和服务。支持第三方支付机构与金融机构共同搭建安全、高效的在线支付平台，开展在线支付、跨境支付、移动支付等业务。

支持互联网金融企业开发各种货币基金类金融理财产品，满足多元化投资需求。鼓励电商机构自建和完善线上金融服务体系，有效拓展电商供应链业务。推动P2P、众筹融资等金融信用中介服务平台规范发展，拓宽金融服务体系。

（7）拓展互联网金融企业的融资渠道。加大对互联网金融企业的上市辅导培育力度，鼓励更多符合条件的优质企业上市融资。支持互联网金融企业探索资产证券化业务，通过前海股权交易中心、金融资产交易所等要素平台发行新型金融产品，拓宽资金来源渠道。

（8）发展互联网金融产业链联盟。支持互联网金融企业与金融机构、创业投资机构、产业投资基金深度合作，整合资源优势，结成互联网金融产业链联盟。支持互联网金融产业链联盟发起设立产业基金、并购基金和风险补偿基金，以满足互联网金融企业不同阶段、不同层次的资金需求。

（9）完善互联网金融服务支持体系。支持商业银行、信托投资和金融租赁等机构与互联网金融企业的业务合作，探索开展第三方资金托管、质押融资贷款等业务。支持保险机构开展符合互联网交易需要的履约保证保险业务和其他保险模式。支持证券、基金期货类机构加大与互联网金融企业的合作，拓宽金融产品的销售渠道，创新财富管理模式。支持小额贷款、融资担保等机构与互联网金融企业开展业务合作，实现商业模式创新。

5. 加大对互联网金融的政策支持

（10）支持互联网金融企业注册登记。允许互联网金融企业（除经国家金融监管部门批准设立的机构外）在工商登记企业名称和经营范围中，使用“互联网金融服务”字样。

（11）加大对互联网金融企业的落户奖励。对新设立或新迁入的，具有独立法人资格的互联网金融企业（除金融机构设立的电商机构、非金融支付服务机构和金融配套服务机构外），经认定符合深圳互联网金融发展方向，当在深圳缴纳的企业所得税年度达到500万元以上（含）后，参照《关于印发深圳市支持金融业发展若干规定实施细则的通知》（深府〔2009〕6号）银行类金融机构一级分支机构待遇享受相关政策。

对大型互联网企业在深圳新设立或新迁入的互联网金融企业，根据其业务规模、客户流量、税收贡献及同业示范效应等综合情况，经市政府批准，参照深府〔2009〕6号文金融机构总部待遇享受相关政策。大型互联网企业，是指经认定资产规模、营业收入和网站流量等在互联网领域排名居前、具有全国重要影响力的互联网法人企业。

对经国家金融监管部门批准设立的创新型网络金融机构、电商机构、互联网金融研发中心、非金融支付服务机构和金融配套服务机构等，按照深府〔2009〕

6号文和《深圳市人民政府关于印发深圳市支持金融业发展若干规定实施细则补充规定的通知》（深府〔2013〕12号）享受本市相关政策。

（12）加大对互联网金融项目的奖励。重大科技研发和商业模式创新的互联网金融项目，可申报互联网产业发展专项资金。符合我市金融创新方向的互联网金融创新产品和业务模式，可申报市金融创新奖。符合条件的互联网金融产业园区，可申报科技型企业孵化器项目资助。

（13）创新财政资金对互联网金融投入方式。鼓励创业投资引导基金与境内外股权投资机构、金融机构、产学研联盟合作，发起设立互联网金融创投基金，重点投向初创期、成长期的互联网金融企业。创新市科技研发资金的投入方式，通过贷款贴息、科技保险、股权投资等资助方式，引导金融资源和社会资本加大对互联网金融的投入。

（14）健全互联网金融人才培养体系。支持金融业和互联网产业整合智力资源，开展跨界结合的学术研究、交流合作和培训活动。鼓励互联网金融企业、金融机构和科研机构通过组建博士后工作站、研究智囊机构等方式，开展互联网金融创新研究，加快培养创新型金融人才。互联网金融企业的高级管理人员和高级技术人才，符合我市高层次人才认定条件的，可享受我市关于人才引进、子女教育、医疗保障等方面的相关扶持政策。

（15）优化互联网金融集聚发展空间。鼓励各区（新区）积极参与互联网金融创新试点工作，进一步优化产业空间布局，加大政策扶持力度，强化市区两级联动，吸引各类互联网金融企业及配套服务机构聚集，持续增强互联网金融聚集效应。

6. 营造良好的互联网金融支撑体系

（16）完善互联网金融信用体系建设。积极推动符合条件的互联网金融企业接入人民银行征信系统。探索组建互联网金融信息服务平台，推动信息的交流对接和资源共享。支持具备资质的信用中介组织开展互联网金融企业信用评级，增强市场信息透明度。

（17）优化互联网金融配套服务体系。支持互联网金融配套服务机构在深集聚，拓展数据储存备份、云计算共享服务、大数据挖掘服务、销售结算服务等业务，加强信息安全、大数据储存和宽带基础设施建设。推动会计、审计、法律、咨询等中介服务机构专业化、高端化发展，为互联网金融企业提供优质的专业服务。

（18）加大互联网金融宣传推广力度。鼓励互联网金融企业与国内外知名金融媒体和财经信息平台战略合作，全面推进深圳互联网金融的品牌宣传。支持打造具有国际影响力的互联网金融论坛、互联网金融媒体圈等。引导互联网金融企业通过金融博览会、融资洽谈会等金融活动，与优质中小企业开展交流合作，增强深圳互联网金融的影响力。

7. 建立互联网金融风险防控体系

(19) 建立互联网金融行业自律组织。筹建全市互联网金融行业协会，制定发布自律公约，加强行业自律规范，维护行业健康发展。强化互联网金融市场经营主体守法、诚信、自律意识，树立互联网金融企业服务经济社会发展的正面形象，营造诚信规范发展的良好氛围。

(20) 加强互联网金融风险防控。建立各有关部门共同参与的互联网金融联席会议制度和工作机制，加大对互联网金融的监督管理、风险监测及处置力度，严守不发生区域性、系统性金融风险的底线。充分发挥金融领域专业纠纷调解机构的作用，加快推进互联网金融纠纷处理、争议协调、法律咨询、消费者维权等制度建设。

(21) 打击互联网金融违法违规行为。完善互联网金融监管执法体系，加强与金融监管部门的协调配合、综合联动，依法严厉打击利用互联网平台进行的非法集资、非法支付结算和非法证券等各类金融违法犯罪活动，切实维护金融秩序，努力构建互联网金融安全区。

(22) 加强互联网金融投资者风险教育。各有关部门定期开展金融法制教育、警示宣传工作，加强投资者金融知识普及和风险教育，提升全社会对互联网金融的认知度和风险防范意识。

第四节　浙江

一、出台政策引导互联网金融持续健康发展

作为互联网金融领域的创新与发展最为迅猛的省份，浙江开始向规范化该行业迈出关键一步。借以促进浙江省互联网持续健康发展，把浙江省打造成全国互联网金融创新中心。

浙江省金融办等多部门联合出台了《浙江省促进互联网金融持续健康发展暂行办法》（以下简称《办法》）。《办法》指出，互联网金融企业必须在不触碰法律红线的空间内创新发展，严格遵守现有法律法规和今后出台的法律法规，牢牢守住不得非法吸收公众存款、集资诈骗、洗钱、非法经营等法律底线，严控政策风险、信用风险和市场风险等。

2014 年，P2P 成为互联网金融中发展最为迅猛的领域。根据盈灿咨询《2014 年中国网络借贷行业年报》数据，截至 2014 年底，网贷运营平台已达 1575 家，

与2013年的800家相比，呈爆发式增长态势。与此同时，浙江也成为了P2P问题平台的重灾区。民间借贷较为活跃的浙江，P2P网络借贷平台数量、成交量等方面仅次于广东。2014年全年，中国网贷成交量达2528.17亿元，是2013年的2.39倍。而在浙江，这一数据为420.52亿元，相比2013年度，增幅达140%。2013年浙江省共排查出登记注册的P2P网络借贷平台有87家，在杭州地区的有41家，经侦部门调查以后发现41家中，只有1家是完全没有问题的。2014年12月前12天，浙江甚至接连出现6家问题平台，平均每两天一家。

为此，此次出台的《办法》提出，P2P网络借贷平台应当明确为借贷双方通过互联网渠道提供小额借贷信息服务，从事信息中介业务，不得从事贷款或受托投资业务；不得非法吸收公众资金，不得接受、归集和管理投资者资金；不得自身为投资者提供担保，不得出具借款本金或收益的承诺保证；建立信息披露制度等。《办法》还要求，P2P网络借贷平台原则上应将资金交由银行业金融机构进行第三方存管。

《办法》针对第三方支付、股权众筹、金融产品网络销售平台等也提出了应当遵守的主要规则。该办法强调互联网金融应严守法律底线，并对第三方支付机构、P2P网络借贷平台、股权众筹融资平台、金融产品网络销售平台分别提出了明确应遵守的主要规则，并强调互联网金融应有效保障信息科技安全。例如，针对股权众筹融资平台，《办法》要求，不得向社会公开或采用变相公开方式发行，融资者或者融资发起设立的融资企业的股东人数应该符合《证券法》等法律法规的相关规定；应该遵守投资者适当性管理制度，对参与期业务的投资者设置准入条件等。

《办法》同时表示，将由省级相关部门、中央在浙金融管理部门参与，建立促进互联网金融持续健康发展的联席会议机制，跟踪分析全市互联网金融发展情况，推动风险防控和应急处置机制。在国家统一框架下，明确监管职责，加强协调配合，完善行业监管体系。

《办法》还提出，推进信用基础建设。支持设立和发展面向互联网金融领域的征信机构或信用信息服务平台，建立互联网金融行业信用信息标准，实现行业内信息共享。推动互联网金融信息接入央行征信系统，支持互联网金融企业充分利用各类信用信息查询系统，推进征信信息共享。

在风险处置机制方面，《办法》提出充分发挥浙江省处置非法集资活动联席会议等机制作用，依法严厉打击互联网金融领域的非法吸收公众存款、集资诈骗等违法犯罪活动；完善互联网金融风险预警。不过，《办法》特别指出，针对第三方支付、P2P网络借贷平台、股权众筹融资平台等明确应遵守的规则，如与今后国家出台的监管规定不一致之处，服从国家出台的法律法规以及监管规定。

《办法》明确互联网金融以服务实体经济为本，走新型专业化金融服务模式之路，并力争将浙江打造成全国互联网金融创新中心。

二、浙江省促进互联网金融持续健康发展暂行办法

互联网金融是金融业与互联网产业、现代信息技术产业相互融合的新兴产物，主要包括第三方支付、P2P网络借贷、股权众筹融资、金融产品网络销售平台、大数据金融以及互联网金融门户等新兴业态。近年来，互联网金融有效推进了金融服务实体经济的模式创新，为小微企业和居民个人提供了体验式、便利化服务，为浙江省金融业的发展带来了新的机遇。为促进浙江省互联网金融持续健康发展，把浙江省打造成全国互联网金融创新中心，现制定如下办法：

1. 明确指导思想与基本原则

（1）坚持以服务实体经济为本，走新型专业化金融服务模式之路。互联网金融应坚持以支持实体经济为根本，以市场化发展为导向，以金融法律法规为边界，以客户的真实需求为动力，以保护消费者为核心，更好地向小微企业、“三农”和城乡居民提供规范服务。推动互联网金融与电子商务、现代物流、信息服务、跨境贸易等领域融合发展，促进相关行业转型升级。

（2）坚持开放包容，走创新发展之路。进一步发挥浙江金融创新能力突出、网络经济发达、社会资本充足的优势，鼓励互联网金融将开放、平等、协作、分享的互联网精神融入到金融创新中，以更加开放包容的态度支持互联网金融企业进行产品创新、服务创新、技术创新和业务模式创新，促进融资、交易、理财更加高效、便捷，提升核心技术水平和综合竞争力。

（3）坚持风险底线思维，走合规经营之路。互联网金融企业应坚持底线思维，在业务发展上遵循相应规则，坚守业务边界和风险底线，建立严格的风险管控制度，接受适度的监管，不断提升合规经营意识和风险防控能力，走可持续、经得起风险考验的发展之路，有效维护金融稳定和金融秩序。

（4）坚持信息披露公开透明，走阳光化发展之路。互联网金融企业应提升业务透明度，做好信息披露，强化风险揭示，严格保护金融消费者的资金安全、信息安全。金融消费者也应从保护自己的资金安全和自己隐私的角度出发，掌握互联网使用的信息和金融投资的基本知识，培育信息安全和风险投资的意识。

2. 明确应遵守的规则，推动持续健康发展

（5）互联网金融应严守法律底线。互联网金融企业必须在不触碰法律红线的空间内创新发展，严格遵守现有的法律法规和今后出台的法律法规，牢牢守住不得非法吸收公众存款、集资诈骗、洗钱、非法经营等法律底线，严控政策风

险、信用风险和市场风险等。

（6）第三方支付机构应遵守的主要规则：

1）第三方支付机构应当按照中国人民银行颁发的《支付业务许可证》核准的业务范围从事经营活动，不得从事核准范围之外的业务。支付机构不得转让或变相转让、出租、出借《支付业务许可证》。未经中国人民银行批准，任何非金融机构和个人不得从事或变相从事第三方支付业务。

2）第三方支付机构之间的货币资金转移应当委托银行业金融机构办理，不得通过支付机构相互存放资金或委托其他支付机构等形式办理。

3）第三方支付机构的客户备付金应当与自有资金分户管理，且必须全额缴存至符合要求的备付金银行中。支付机构只能根据客户发起的支付指令转移备付金，不得擅自挪用、占用、借用客户备付金，不得擅自以客户备付金为他人提供担保，不得办理现金支取。实缴货币资本与客户备付金日均余额的比例，不得低于10%。

4）第三方支付机构要切实落实客户实名制规定，有效识别客户身份信息，严格履行反洗钱义务，支付机构有合理理由怀疑客户利用其支付业务实施违法犯罪活动的，应当采取必要的控制措施，并按规定向人民银行报告可疑交易或向公安机关报案。

（7）P2P网络借贷平台应遵守的主要规则：

1）P2P网络借贷平台应当明确为借贷双方通过互联网渠道提供小额借贷信息服务的定位，从事信息中介业务，不得从事贷款或受托投资业务，不得承担信用风险和流动性风险。

2）P2P网络借贷平台不得非法吸收公众资金，不得接受、归集和管理投资者资金，不得建立资金池，原则上应将资金交由银行业金融机构进行第三方存管。

3）P2P网络借贷平台不得自身为投资者提供担保，不得出具借款本金或收益的承诺保证。

4）P2P网络借贷平台应当建立信息披露制度，充分披露融资项目、经营管理等信息，不得故意隐瞒、虚构与投资者作出投资决策相关的必要信息。P2P网络借贷平台应当向投资者做好风险提示，不得在宣传中出现虚假、夸大、误导性的表述，不得向客户违规承诺或宣传保本。

（8）股权众筹融资平台应遵守的主要规则：

1）股权众筹不得向社会公开或采用变相公开方式发行，融资者或融资者发起设立的融资企业的股东人数应当符合《证券法》等法律法规的相关规定。

2）股权众筹融资平台应当遵守投资者适当性管理制度，对参与其业务的投资者设置准入条件。应当在明显位置公示警示风险底线，充分揭示产品的风险，与投资者签署风险揭示书。

3）股权众筹融资平台应当建立信息披露制度，保证投资者可以按照投资合同约定的时间，获取约定的融资项目信息，不得出现误导性或虚假信息披露。

（9）金融产品网络销售平台应遵守的主要规则：

1）金融产品网络销售平台开展公募基金销售业务，应当遵循中国证监会关于基金销售结算资金的相关规定，做好销售结算资金的归集、划转及存管等业务环节，不得侵占或者挪用投资人资金，保证结算资金安全。

2）金融产品网络销售平台应当严格落实销售适用性原则，通过合理有效的途径对投资人风险承受能力进行调查评价和风险提示，不得向投资人推介与其风险承受能力不匹配的产品，不得以默认同意或类似方式完成与投资人之间的法律文件签署和风险确认。开展私募基金销售业务的，应当向合格投资者募集，单只私募基金的投资人数累计不得超过《证券投资基金法》《公司法》《合伙企业法》等法律规定的特定数量。

3）金融产品网络销售平台应当规范业务宣传，真实、准确、完整地反映金融产品的收益特征与风险属性，不得出现虚假记载、误导性陈述或者重大遗漏，不得夸大或片面宣传投资收益或过往业绩，不得预测未来的投资业绩，不得承诺收益或承担损失。开展私募基金销售业务的，不得向不特定对象宣传。

（10）互联网金融应有效保障信息科技安全。互联网金融企业应当遵守信息安全、支付安全等方面的监管制度、技术规范及标准体系，加强相关数据库系统建设，使平台具备一定的互联网有关技术以及防黑客、防盗用、防诈骗等技术能力，依法保守客户的商业秘密，不得以任何形式对外提供客户身份信息、支付信息和交易信息等资料，切实保障信息和数据安全。

3. 发挥行业自律作用，提升规范发展水平

（11）支持筹建行业协会，加强行业自律。支持筹建全省互联网金融行业协会，制定自律公约。加强对互联网金融企业及其从业人员的职业道德操守约束，通过行业自律加强有效监管。

（12）推动风险防控，强化自律约束。行业协会成立后，要推进行业公共信用信息平台建设，建立大数据行业信用体系，促进信用信息互联互通，通过信息平台建立互联网金融企业的产品业务、经营管理等信息披露机制，引导互联网金融企业增强合规经营意识，自觉接受社会监督。建立第三方监测评价机制，加强行业风险监测和预警，建立行业“黑名单”制，及时向投资者做好风险提示。探索建立同业互助保障基金，提升风险化解能力。

（13）深化行业研究，加强人才培训。推动高等院校、专业机构开展互联网金融理论、标准、技术等方面的研究，支持设立专业化的互联网金融研究机构，

努力打造具有全国影响力的互联网金融论坛。加强互联网金融行业从业人员培训教育，建立产学研联合培养机制，探索开展从业人员资质认证。

（14）促进行业交流，助推行业发展。加强互联网金融企业之间的信息共享，促进交流合作。推动银行机构在资金托管、业务创新、风险控制等方面开展合作共赢。行业协会要在投融资项目对接、创业辅导、管理咨询、技术创新、对外合作等方面为互联网金融企业提供优质服务，帮助互联网金融企业开发新品、开拓市场、引进智力和技术。

4. 健全工作机制，营造发展环境

（15）建立工作机制。由省级相关部门、中央在浙金融管理部门参与，建立促进浙江互联网金融持续健康发展联席会议机制，跟踪分析全省互联网金融发展情况，推动建立风险防控和应急处置机制。在国家统一框架下，明确监管职责，加强协调配合，完善行业监管体系。

（16）加强政策支持。各地、各有关部门在相关法律法规框架下，对互联网金融企业工商登记、增值电信业务经营许可、民间借贷登记、人才引进等方面予以政策支持，支持有条件的互联网金融企业进行软件企业、高新技术企业、技术先进型服务企业等方面认定，加强互联网金融企业专利、软件、品牌等知识产权保护。鼓励有条件的地区建设有特色的互联网金融集聚区，制定有针对性的政策措施，引导互联网金融企业合理集聚。通过发挥政策导向和市场机制的作用，全力营造扶优限劣的互联网金融发展生态环境。

（17）强化投资者教育与金融消费者权益保护。及时分析总结互联网金融领域违法违规行为的常见类型、惯用手法和动态特征，开展多层面、多角度宣传，提醒公众理性投资。加大金融知识普及力度，帮助投资者掌握互联网金融投资的基本知识，提升信息安全和风险防范意识。畅通互联网金融消费投诉渠道，维护金融消费者权益。

（18）推进信用基础建设。支持设立和发展面向互联网金融领域的征信机构或信用信息服务平台，建立互联网金融行业信用信息标准，实现行业内信息共享。推动互联网金融信息接入人民银行征信系统，支持互联网金融企业充分利用各类信用信息查询系统，促进征信信息共享。

（19）健全风险处置机制。充分发挥省处置非法集资活动联席会议等机制作用，依法严厉打击互联网金融领域的非法吸收公众存款、集资诈骗、洗钱、非法经营、虚假广告、买卖客户信息等违法犯罪活动，推动行政执法与刑事司法有机衔接，营造良好的法治环境。加强互联网金融风险预警，完善省级处置群体性事件应急预案。引导新闻媒体对互联网金融风险事件进行客观公正报道，营造良好的舆论环境。

第五节 江苏

一、南京互联网金融中心落成

南京作为区域金融中心，有逾400家金融机构集聚，高校科研院所林立，专业人才辈出，互联网金融发展资源得天独厚。2014年，南京市委市政府将互联网金融作为全市金融业发展的重点工作之一。

2014年3月，南京互联网金融中心在秦淮区落成。秦淮区以南京互联网金融中心落户为契机，抢抓互联网金融发展机遇，在省市金融主管部门的指导下，立足南京中心城区优势，率先启动了互联网金融示范区创建工作。

作为全市近1/3金融机构总部和区域型总部聚集的主城核心区，秦淮区近代以来一直是南京都市圈的金融中心，金融资源集中度和金融服务功能首位度位居全省前列，拥有互联网金融发展的基础条件和比较优势。新街口金融商务集聚区是全省唯一的具备金融功能的省级现代服务业集聚区；中国云计算中心落户于秦淮区高新园区，为互联网金融发展提供了充足的人才和技术支撑。

秦淮区提出“打造国际商务商贸中心、现代金融服务中心、文化休闲旅游中心和创新驱动发展高地，建设现代化国际性人文绿都核心区”的发展定位。为贯彻南京市委市政府提出的加快提升新街口金融商务集聚区能级的总体要求，秦淮区委区政府明确将新街口金融商务区着力打造成为国际金融商务先导区、金融创新试验区、区域金融营运中心。秦淮区凸显的区位、资源、政策优势，造就了互联网金融在南京孕育发展的“温床”。

秦淮区启动互联网金融示范区建设，将聚力搭建互联网金融产业发展的共享平台，营造培育新兴产业的氛围，延长产业链、优化金融生态环境，意在加强引导、整合资源促进和培育互联网金融产业的集聚发展。

互联网金融作为新兴产业，急需政府的培育和扶持。目前，秦淮区已立足先发优势，出台了一系列促进互联网金融集聚发展的扶持政策，涵盖了产业载体建设、引进培育企业、引导产业投资、优化发展环境四大领域。

秦淮区政府设立了总额为3亿元的互联网金融产业发展专项资金，重点用于载体建设、企业培育、人才引进和鼓励创新等。此外，对于引进机构和人才、设立研究培训机构、鼓励投资机构为在地互联网金融企业投融资服务、搭建互联网金融云计算公共服务平台等方面也给予了极具吸引力的政策扶持，还有针对性地对互联网金融企业的法人总部或区域性总部的高管团队，给予人才公寓、子女入学、医疗优先方面优惠服务等。

对于许多企业关心的融资问题，除已有的鼓励和扶持政策之外，秦淮区与曾成功投资开发了创意中央、智汇魔方等产业园的垠坤投资、海融投资合作，牵头发起设立了南京互联网金融股权投资基金，运用扶持政策和产业投资双重推力，为互联网金融产业的培育和壮大提供加速度。与此同时，南京互联网金融中心项目已经紧锣密鼓地启动。南京互联网金融中心将以建设互联网金融产业共享发展平台为目标，致力于探索营造互联网金融生态环境和链式生长的发展模式，为互联网金融企业量身定制专属商务服务和专属增值服务，建成在国内有影响力的互联网金融产业示范基地。

南京互联网金融中心将打造出符合互联网金融特质的高端商务环境，提供24 小时办公配套以及人才、法律、财税、顾问等特色经营管理服务；联合南京大学商学院、成立南京互联网金融研究院，专门从事互联网金融产业前瞻研究，把握产业发展方向，积极发挥智库作用，为学界、业界互联网金融领军人才和专家学者提供共享的交流研究平台；在省市金融主管部门和金融监管部门的指导帮助下，积极推动南京互联网金融产业行业协会建设，加强行业交流合作，引导企业规范自律；针对初创期、成长期、成熟期企业的阶段特征，给予企业孵化、天使投资、战略咨询、品牌推广等方面伙伴式特色发展助力服务。

南京互联网金融中心将建成江苏互联网金融产业发展的创新基地和示范载体。中心将重点吸引在地互联网金融龙头企业和国内知名互联网金融企业区域性总部，具有大数据运用基础、线上金融产品和服务优势的互联网金融企业，同时，将有选择地引进金融研训、投资、第三方信用评级和增值服务等专业机构，整合政、产、学、研、金、介优质资源，为互联网金融产业发展提供互动互补的链式生态环境。

二、制定关于加快互联网金融产业发展的实施办法

为贯彻落实国务院《关于金融支持经济结构调整和转型升级的指导意见》（国办发〔2013〕67 号），进一步深化金融改革创新，抢抓互联网金融发展机遇，优化全市互联网金融产业发展环境，加大对互联网金融产业的支持力度，促进全市经济结构调整和转型升级，南京市制定了《关于加快互联网金融产业发展的实施办法》。

1. 建立互联网金融产业发展协调推动机制

成立由分管副市长任组长，市政府分管副秘书长任副组长，市金融办、人才

办、发改委、经信委、科委、财政局、人社局、商务局、统计局、工商局、国税局和地税局等有关部门为成员单位的互联网金融发展工作领导小组（以下简称领导小组），负责对全市互联网金融产业的引导、培育、认定、监管和统计等工作。领导小组下设办公室，办公室设在市金融办，具体负责全市互联网金融产业发展的日常推进和协调工作。建立与人民银行南京分行、江苏银监局、江苏证监局、江苏保监局的沟通协调机制，合力推动全市互联网金融产业发展。

2. 支持互联网金融企业的设立和发展

对经领导小组办公室认定的互联网金融企业，支持其在名称中使用“金融信息服务”等字样。对互联网金融企业进行分级持牌管理，根据其经营规模、创新能力、风险控制水平、人力资源储备等实际情况，按分级准予其在经营范围中使用“基于互联网的金融信息服务”“金融产品交易服务”“资产管理”“投资管理”等字样。对优秀的互联网金融项目和相关企业，在“著名商标”认定或知识产权保护方面给予支持。

3. 推进互联网金融示范区建设

支持有条件的园区创建互联网金融示范区，利用互联网和大数据技术，采用新型的管理方式，开展信用中介、资金中介和风险中介等业务活动，同时实现示范区内互联网金融产业集中、政策集中和监管集中。鼓励各区（开发区）对互联网金融企业制定出台包括购（建、租）房在内的扶持政策。

4. 支持面向互联网金融的孵化器建设

鼓励社会机构兴办主要面向互联网金融企业的创新型孵化器，按照运行机制市场化、服务内容专业化、服务模式多样化的方式为互联网金融企业提供孵化和培育服务。

5. 打造一批互联网金融重点示范项目

支持有条件的本地企业整合各类金融资源，开发、引进并形成具备自主风险控制技术和能力的互联网金融产品和服务，切实降低小微企业融资成本，支持实体经济发展。支持互联网金融企业与移动运营商等机构合作，延伸互联网金融服务终端，提高产业覆盖深度和广度。积极推动大型互联网金融企业的集团化发展。

6. 鼓励传统金融机构运用互联网模式开发创新业务

鼓励银行、证券、基金、保险、担保、小贷等传统金融机构与互联网金融企业合作开发创新产品，利用互联网平台进行金融业务创新。鼓励各类金融机构建立面向中小微企业的线上、线下多层次服务体系，在融资规模、周期、成本等方面提供更具有针对性和灵活性的服务，提升融资效率，全面提升传统金融机构的服务水平。

7. 推动基于互联网的第三方信用中介服务体系建设

支持征信机构建立网络金融征信系统，打破线上与线下、新型金融与传统金融的信息壁垒，构建金融互联网风险控制基础信息库，实现网络借贷企业征信共享，防范信用风险。支持互联网专业机构搭建第三方客观信用服务平台，利用大数据手段获取、分析小微企业和个人在社交平台、商务平台、政务平台等产生的信用数据，为互联网金融机构出具小微企业和个人的信用“体检报告”，提高融资可得性。

8. 积极培育和引进互联网金融人才

依托亚太金融研究院等资源，组织“互联网金融千人会”、科研院校等开展互联网金融人才培训。经领导小组认定的互联网金融重点企业创业团队和技术骨干，可优先推荐申报纳入“321 人才”，争取享受我市对“321 人才”的各项扶持和奖励政策。

9. 建立互联网金融综合服务平台

优化南京联合产权（科技）交易所网络门户功能，利用“融动紫金”平台为中小微企业提供24 小时在线融资信息发布、产品对接、在线交易等综合金融服务。打造线上投贷保联盟，整合创业投资、科技银行、担保、小贷、科技保险等投融资机构，通过金融产品的发布，信息的撮合，实现小微企业线上线下融资新模式。积极引导一批“321 人才”科技创业企业和重点小微企业通过综合选择股权质押、融资租赁、定向私募等方式实现首次融资。

10. 加大对互联网金融产业发展的财税扶持

从 2014 年开始，三年内每年安排总额不低于 1000 万元的互联网金融产业发展专项资金，重点用于支持南京市互联网金融示范区及孵化器建设、互联网金融重点企业引进和培育、重点示范项目实施、经认定的互联网金融业务创新等。

（1）对经领导小组认定的互联网金融示范区一次性给予 100 万元的资金补贴。

（2）经领导小组认定的互联网金融孵化器一次性给予 50 万元的资金补贴。

（3）对经领导小组认定的重点项目，每家给予不超过 50 万元的资金补贴；对经领导小组认定的重点示范企业，每家给予不超过 100 万元资金补贴。对区域经济发展做出重大贡献或在国际国内具有较大影响力的互联网金融龙头企业，经领导小组认定后实行“一企一策”。

（4）南京市互联网金融企业和传统金融机构业务，其互联网金融业务和商业模式有益创新的，经领导小组办公室认定，给予最高不超过 50 万元资金奖励。

（5）对经领导小组办公室认定的南京市从事数据挖掘、信用评价的信用中介机构总部或区域总部，给予一次性开办补贴，最高不超过 50 万元。已享受河西集聚区总部政策的机构不重复享受。

11. 加强对互联网金融企业的融资支持

市级创业投资引导基金发起设立3亿元规模产业投资基金和1亿元规模的种子基金，重点投向互联网金融产业项目和早期创业项目。鼓励社会创投投资于南京市互联网金融企业，对其投资项目可按实际投资额的1%给予奖励。对于特别优秀的互联网金融创业项目和企业，紫金科创种子基金专项可给予不超过300万元额度的首期融资支持。鼓励银行、小贷、担保等金融资源向互联网金融企业倾斜，对符合条件的金融机构和担保公司，分别给予基准利率20%的利息补贴和不超过实际担保额的2.5%担保补贴。支持各类互联网金融企业在境内外多层次资本市场挂牌上市，由市金融办牵头协调相关部门开通"一站式"绿色服务通道。

12. 营造互联网金融产业发展的良好氛围

以"互联网金融千人会"为依托，整合南京本地科研资源，设立南京互联网金融应用研究中心，为全市互联网金融的发展提供智力支持。组建由互联网金融研究机构、行业组织、龙头企业和（类）金融机构共同参与的互联网金融行业协会，研究、制定互联网金融行业标准，推动产业发展方式和商业模式创新，开展政策交流讨论，实现成员的深入合作。加强与国内著名投资机构、风险管理机构合作，组织互联网金融论坛，开展创新金融产品发布展示及相关项目的签约、宣传等活动，营造良好的发展环境。

第七章 发展河北互联网金融产业的战略措施

互联网金融在河北还处于快速发展的起步阶段，互联网金融发展还面临着各种各样的挑战，互联网金融风险依然存在，未来不确定性不断增加。为更好地促进互联网金融持续健康发展，需要产业链各方携起手来，促进模式创新，更需要政府建立灵活的监管体系，以鼓励创新。

河北要高度重视互联网金融产业发展问题，统筹规划、全面安排。布局互联网金融产业，其中最重要的是打造互联网金融集聚区，引导和支持互联网金融企业落户金融集聚区。

第一，互联网金融产业区域分布。互联网金融产业的区域分布，需要政府有关部门确定长期的、合理的发展目标，并采取切实可行的方式，促使互联网金融产业同其他相关产业的发展保持最有效的结合形式。互联网金融产业同其他相关产业的发展程度相比，是超前、同步，还是跟随发展，必须高瞻远瞩地做出抉择。

第二，互联网金融产业结构安排。互联网金融产业内部有着不同的行业，提供第三方支付、网络借贷、股权众筹、互联网基金销售、互联网信托、互联网消费金融等不同的互联网金融服务。提供不同服务的互联网金融企业，客观上要保持一个合理的搭配结构，使各种金融功能互补互动，有利于发挥互联网金融产业的整体功能和效率最大化。

第三，优化互联网金融生态，实现互联网金融可持续发展。要发挥各级政府主导作用，加强行政体制、法律制度、社会信用制度和互联网金融基础设施等方面的环境建设，努力为互联网金融机构的发展营造一个良好的生态环境。

第一节 互联网金融产业区域分布

互联网金融集聚区的发展应依托互联网和金融产业基础，遵循市场化配置金融资源的原则，尊重互联网金融相关主体的自主选择。但由于互联网金融的发展时间短、互联网金融企业创业的特性，地方政府可以且应在互联网金融集聚区的发展上起主导作用。政府应在充分尊重市场规律的基础上统筹协调互联网金融产业的发展。按照互联网金融产业特点，选择在适宜的地方科学规划建设企业园区。通过建设园区，使互联网金融企业向园区集中，实现集约化、规模化发展。对于需要搬迁转移的已有互联网金融企业应安排好搬迁时序，尽量使企业不受大的影响，保持稳定。实现互联网企业集聚发展，政府绝不应该只是简单地建设一个园区、建几栋办公楼，然后给每家互联网金融企业分几间办公室即可，而是要科学规划，并为互联网金融企业提供精心周到的服务。推进互联网金融产业的集聚发展，是一项中长期任务，不可能在短期内一蹴而就。有关方面应制定产业发展规划，明确阶段目标，把握先后次序，分步渐进实施，持之以恒地加以推进。

一、规划互联网金融产业区域分布的指导原则

（一）同京津冀一体化战略布局相适应

京津冀经济一体化发展，行政樊篱打破和产业布局优化将成为核心驱动力。而经济一体化的关键在于金融一体化，互联网金融具备打破传统金融被物理时空和行政区划分割的天然功能。互联网金融将会使现有体系结构更加活跃地、更加主动地服务实体经济，服务小微企业，同时也成为地方政府深化经济体制改革、进行产业调整不可或缺的一环。京津冀互联网金融一体化进程能更好地贯彻实施京津冀一体化战略布局。随着京津冀协同发展上升为国家战略，三地在投资、政策等领域已经在对接。京津冀协同发展是河北面临的最大机遇。

北京的石景山区和海淀区及天津已开始发力互联网金融，进行产业布局。北京、天津是互联网等信息技术发展的核心区，聚集了一批在互联网、大数据和云计算行业的领先企业，为互联网金融发展提供了良好的技术支撑。同时，区内实体经济聚集，众多企业带来的高产值以及品牌实力吸引了众多金融机构。河北可以借助京津冀协同发展的重大机遇，充分利用北京、天津的互联网金融产业优势资源，大力发展互联网金融产业。

（二）同已有的产业园区相结合

河北已经开始着力发展本土互联网金融产业，初步具备了互联网金融发展的政策优势和先发优势。然而，河北电子商务产业园区公共服务平台建设和运营普遍初级化，配套服务设施简单化，公共服务体系片状化，金融、物流等关键环节松散，综合服务还不能完全满足企业的需求，某种程度上会影响企业入驻。

河北要根据自身的特色，以更加开放的姿态，大力发展河北互联网金融产业，强化产业园区或基地的整体功能。

1. 政府出台支持政策

河北省政府应出台相关支持政策，统筹规划互联网金融基地和产业园区，加大对 P2P 网络借贷平台、股权众筹和第三方支付等互联网金融业态的支持力度，加快培育互联网金融龙头企业。河北省各地政府应积极开始互联网金融产业布局，引进互联网金融相关项目。

要以突破性思维、突破性政策、突破性举措，推动河北互联网金融产业集群实现突破性发展。全省上下要高度重视，将推进互联网金融产业集群转型升级作为事关全省经济发展全局的重大战略举措，加强领导，落实责任，强力推进。各设区市、各县（市）要成立相应机构，具体负责互联网金融产业集群转型升级重大问题的协调、工作进度的督导。通过努力，为互联网金融产业集群发展营造公平公正的市场环境、公开透明的政策环境，使各方力量向其集中、各种要素向其聚集、各项服务向其聚合，促进互联网金融产业集群做强做大，快速发展。

为引导互联网金融企业集聚发展，各地政府要积极创建创新基地、创新园区等互联网金融产业聚集区，开展体制机制创新。在办公场地购租、人才引进、企业孵化等方面要制定互联网金融产业聚集区的具体扶持政策，完善有利于互联网金融产业发展的各类配套服务设施，吸引互联网金融企业加速集聚发展。加大财政政策倾斜扶持力度，设立发展专项资金，用于支持互联网金融产业集群重点企业、重大项目和公共服务平台建设，并根据发展逐步扩大规模；保障集约用地，落实好县域互联网金融产业集群发展用地指标，重点解决龙头骨干企业用地需求。支持重点项目，对互联网金融产业集群发展有显著带动作用的重大产业项目用地需求，实行点式供应。依规调整用地，对于关停并转企业空置地、工矿废弃地等，可通过建设产业园区发展互联网金融产业集群。

2. 结合地区特色产业因地制宜地建设园区

各地政府以及相关主管部门要对互联网金融行业有清晰的认识，并能因地制宜地建设产业园区，吸引互联网金融企业进入园区。对互联网金融产业园区要有一个准确、有效的布局，不能盲目行动。

要在继续推进现有产业园区的基础上，高起点、高标准地规划建设集研发设计和配套服务于一体的互联网金融产业园区，提高互联网金融聚集度和规模效益。以产业园区为依托，完善优惠政策和扶持措施，为入园企业提供优质高效服务，建设以园区为中心，辐射周边区域的互联网金融聚集区。加强园区快递配送体系建设，完善园区物流配套服务功能，重点推进 P2P 网络借贷企业和股权众筹企业集群发展，形成各具特色的互联网金融产业集群，提高企业知名度和影响力，带动本地区经济的不断发展。

河北有许多大宗商品和大量县域特色产业，其中钢铁、煤炭等 9 个大宗商品

和清河羊绒等60个县域特色产业的交易平台已经正式运营，但对于河北如此之多的县域产业来说只是九牛一毛，远远不够，需再接再厉。首先，河北要因地制宜地引进互联网金融，要与当地产业有效地结合，寻求互联网金融与产业共同发展。其次，在河北发展比较好的地区建立互联网金融产业基地，强化资源配置，推动互联网金融企业聚集。

3. 扩大扶持资金规模

受专项资金额度限制，河北电子商务专项资金惠及面与支持点尚不平衡，特别是园区类及规模较大项目，享受的专项资金额度偏小，与项目的投资额差距较大，致使对项目的推动力偏弱。各地政府应扩大扶持资金规模，设立互联网金融企业投资专项基金，适度引入社会资本，通过政府引导，市场运作，共同进行互联网金融企业的股权融资，增强其资金实力和抗风险能力。

二、互联网金融产业区域分布规划

（一）省会

随着京津冀一体化的建设，河北将实现快速联动世界经济，使省会石家庄将从连接北京和天津的枢纽转变成连接中国与国际的纽带，在中国高新技术产业、金融服务、外贸出口、海洋运输、创意文化等多方面占有重要地位。目前，石家庄已凭借稳健迅速的经济发展，成长为中国经济增长第三引擎中的重要支点，实现了冀中经济圈的经济振兴中心，首都经济圈副中心蓝图也逐步初显。

京津冀协同发展已经成为国家战略，意味着资源优势互补、产业优化升级、梯度转移承接。在互联网金融领域，京津冀地区发展不平衡，北京、天津处于互联网金融发展的“高梯度”，而河北处于互联网金融发展的“低梯度”。作为河北的省会，石家庄必须抓住京津冀协同发展带来的契机，发挥自身的比较优势，实现互联网金融的跨越式发展。

石家庄作为河北的省会城市，是河北经济发展的标杆。河北互联网金融的发展，首先是石家庄互联网金融的发展，然后由省会引导各个地方市县的发展，最后实现全省各地区的共同进步。

石家庄是河北省会，政府支持力度较大，P2P网络借贷企业、股权众筹企业和第三方支付机构等互联网金融机构数量最多，集聚现象较明显，经济发展较快，其他与互联网金融相关的产业较全面，相关制度比较完善，整体来说，相较于其他地区发展互联网金融的优势较突出。

省会城市作为一省的政治中心，应该同时发展为河北互联网金融的核心。互联网金融是互联网行业和金融业的融合，则互联网金融核心区应该是互联网等信息技术发展的核心区，以及金融集聚区。省会互联网金融的发展，需要河北省政府以及石家庄市政府提供强有力的支持，发展金融业、互联网行业及其相关行业，而且要使得这些企业同步发展，任何一方的滞后都会影响省会互联网金融产业的发展。

石家庄要推动区内 P2P 网络借贷企业、股权众筹企业和第三方支付机构等各类互联网金融机构发展，以整合省内互联网金融资源、优化资源配置效率、提高资本利用率为重点，通过建设全方位的政策支持体系、多样化的互联网金融组织体系、立体化的互联网金融服务体系，为全省的经济社会发展提供资金支持。

（二）毗邻京津地区

北京、天津已开始发力互联网金融，进行产业布局。北京、天津是互联网等信息技术发展的核心区，聚集了一批在互联网、大数据和云计算行业的领先企业，为互联网金融发展提供了良好的技术支撑。

河北毗邻京津的廊坊、保定及其他的县域地区，可以借助京津冀协同发展以及设立雄安新区的重大机遇，充分利用北京、天津的互联网金融产业的优势资源，大力发展服务中介型互联网金融。

廊坊、保定及其他环京津县市政府应与北京、天津相关地区政府相互合作，以打造京冀和津冀电子商务产业协同发展示范区为目标，实现“政府推动、市场运作、优势互补、互利共赢”。形成以优势行业交易平台为重点、特色产业交易平台为支撑、消费类交易平台为补充的多层次互联网金融体系。

廊坊、保定及其他环京津县市要在京津周围建设金融聚集区和金融服务区，加强与北京和天津的互动，积极打造互联网金融合作共同体。廊坊和保定要结合本地实际，做好和北京、天津的对接，加快服务中介型互联网金融产业的发展。

（三）沿海地区

秦皇岛、唐山和沧州地处沿海，拥有发展外向型经济的区位优势，而且具有一定的交通优势，具有较为发达的公路、铁路、航运基础条件和运输能力，具备较强的市场辐射能力。

沿海地区可以结合全省推进曹妃甸项目群、沧州渤海新区等重点项目，发展支持现代化钢铁、能源、交通、海洋等重点工程建设的融资型的互联网金融服务。

（四）冀中南地区

在冀中南地区的邢台、邯郸和衡水，随着“淘宝村”的规模化涌现和集群化发展，一批淘宝镇开始浮现。这是在淘宝村的基础上发展起来的一种更高层次的农村电子商务生态现象，在这一领域，冀中南地区走在了全省的前列。

邢台、邯郸和衡水应依托该地区的清河、南宫、平乡、安平等县全国著名的淘宝镇和淘宝村，大力拓展农村电商以及支付类互联网金融业务。

（五）张承地区

张家口、承德地区是河北最贫困的地区，该地区其所处的地理位置有其先天

的劣势，自然条件差，交通不便，工业基础相对薄弱，商品经济不发达。该地区尽管这两年发展速度加快，但由于本身经济基础较差，所以仍落后于经济发达地区很多。但张承大部分地区地处坝上，空气质量较好，年平均气温低、散热好，光照充足，风电发达，对国内知名的大型互联网金融企业设置机构有很大的吸引力，可发展后台型互联网金融。

比如，张北地处发展云计算的“黄金纬度”地区，是距离北京最近的适宜大规模建设云计算产业的区域之一。该县年平均气温只有2.6℃，是天然散热场，能为云计算运营节约45%的降温成本；风电、光伏年发电量达50亿度，而全县年消费电量不足4亿度，可为云计算提供充足电力供应。全年空气质量达到和好于二级天数达344天，可极大延长服务器使用寿命。

阿里巴巴集团计划将北方区域约80%的云计算、大数据业务量放到张北，把张北打造成为阿里北方区域结算中心。阿里巴巴集团规划在张北建立北方云基地，总投资180亿元，占地近1000亩。考虑到云计算的稳定运营和安全保障，他们在张北县的庙滩产业园、小二台镇和拟建的中都机场附近，建立三个相互备份的数据中心。

第二节　互联网金融产业结构安排

互联网金融产业内部有着不同的行业，提供第三方支付、网络借贷、股权众筹、互联网基金销售、互联网信托、互联网消费金融、网络信息搜集和处理服务等不同的互联网金融服务。提供不同服务的互联网金融企业，客观上要保持一个合理的搭配结构，使各种金融功能互补互动，有利于发挥互联网金融产业的整体功能和效率最大化。

一、调整优化金融产业结构

调整优化金融产业结构，谋划建设一批金融产业集群重点项目，积极调整河北省金融产业结构，培育壮大现有产业，开发引进空白产业，通过一批战略性、基础性、先导性大项目、好项目的支撑，全面提升河北省金融产业集群的规模和水平。金融集聚可为互联网金融集聚和发展奠定夯实的基础。

金融产业集群是一个庞大的系统，由三个层次构成：第一层次可称为狭义金融业、“小金融”，即金融业本体，包括银行业、证券业、保险业和其他金融业，这是金融产业集群的核心，也是第二、第三层次的基础。第二层次为金融业提供硬件支持的有形产业，包括金融专用机具、设备、车辆制造和票证印制等。第三层次为金融业提供软件支持的无形产业，包括征信、担保、典当、会计师、律师、债项评级、投资咨询、财务顾问、保险代理、资产评估与拍卖、客服中心、灾备中心、后台基地、金库守押、金融安保、金融协会、金融 IT 研发、金融科研、金融教育培训、金融媒体、金融会展、金融监管，等等。

（一）以增设法人总部机构为重点，做强金融产业集群的第一层次

目前，全国已有十多个省（市、区）建成了省级法人银行，建议河北省统一思想，加快组建。同时，加快省级保险公司和一批农合行、农商行、村镇银行、财务公司、货币经纪公司的筹建，积极引进外资法人金融机构。

（二）以金融装备制造为重点，做大金融产业集群的第二层次

要加强省内金融机构与装备制造、IT 产业的衔接沟通，共同研发先进适用的金融设备；积极吸引境内外金融电子设备制造商来冀投资，可从加工组装起步，逐步延长产业链；积极引导印钞造纸企业开发非钞产品，支持保险柜企业向高端产品延伸，跨行业发展金融产业集群项目。

（三）以建设“两个基地（后台 + 中介服务）”为目标，做优金融产业集群的第三层次

一是建设全国性金融后台基地。金融后台基地已成为河北经济发展的一大亮点，要搞好后续服务，确保中国北方金融后台基地等项目顺利实施；乘势而上，瞄准各金融机构总部，了解其后台基地规划安排，再吸引一批金融机构设立客服、研发、培训、灾备等中心。

二是建设区域性金融中介服务基地。要借鉴建设金融后台基地的成功经验，适应金融中介员工数量少、素质高、建设规模小、工作环境要求高的特点，谋划建设智能型、高档次的金融中介大厦，吸引著名金融中介入驻。

三是全面提升河北省金融影响力和软实力。大力宣传“新中国金融原点”的历史地位，充分发挥央行旧址纪念馆的作用，主动承办全国性金融展会，积极推进京津冀金融一体化，办好金融学科和媒体，邀请境内外金融专家来河北工作、讲学、受聘硕导博导、出任独立董事，促进金融机构与地方干部交流，加强各级党委、政府对金融工作的领导，为金融产业集群发展营造良好的社会氛围。做大做强金融产业集群是一项庞大的系统工程，也是河北经济工作的崭新课题。

“其作始也简，其将毕必巨。”河北近年来金融产业集群发展的实践表明，只要进一步解放思想，勇于创新，金融产业集群就一定能够由小到大，互联网金融产业也将由弱到强，成为转变经济发展方式的重要推动力量。

二、科学设计互联网金融平台结构

(一) 互联网金融的三个层次

互联网金融可以分为三个层次：交易方式、交易结构和权力契约。

交易方式指的是使交易过程变得低成本高效、便捷、安全，比如大数据金融、移动支付、供应链金融、智能理财、资产超市等。大数据金融常被机构用于做分析，用于精准定位客户，发现潜在客户需求。这是交易方式的内容之一。移动支付同样正在革新传统的交易方式。交易方式从传统死板的集中式，转变为灵活的点对点式，虽然中间增加了一层第三方支付的媒介，交易渠道却扁平化了。交易方式也大为不同。

传统交易结构总体上说是集中式的，借贷资金去银行，买保险找保险公司。互联网金融天然具有去中心化的特点。目前在互联网金融领域具体的表现形式有第三方支付、网络借贷、股权众筹、互联网基金销售、互联网信托、互联网消费金融、网络信息搜集和处理服务等。即使在交易结构发生彻底改变的互联网金融中，金融机构仍然会存在，它所脱去的是信息不对称媒介，保留的是专业服务媒介。

互联网也会影响市场和政府之间的权力契约。只要存在简单、合适的规则，即使在完全去中心化的社区也可以形成完美的契约。这种分布式权力结构对于金融的影响远远超越“脱媒”。

交易方式、交易结构和权力契约是互联网金融由低到高的三个层次与维度。这三个层次，也代表着逐步接近金融民主化和普惠金融的趋势。

(二) 去中心化与互联网金融的结构

去中心化是互联网改变金融，从一个革命性思想落地为创新金融模式的最好例证，这个例证已经远远超过技术升级或者金融“脱媒”。去中心化将不会是结果，而是一个反复不断的过程。这一过程不断摧毁已有的中心并产生新的中心，在此过程形成新协议和新标准，体现出更加公平、合理、普惠的契约精神。

以这种思路前瞻金融行业，未来的互联网金融很有可能表现出一种混合结构：既存在一些巨大的局部中心节点，例如银行、证券、保险、信托公司等机构节点，也存在不计其数的个体节点。个体节点之间、局部中心节点之间、个体与局部节点之间，均存在纵横交错的连接关系，如同当前的互联网结构。但与当前互联网结构不同的是，其中的局部中心节点是大而薄的，它们主要起到信息聚合和服务连接的作用，通过强大的信息服务能力获取收入。大量的专业化服务通过局部中心节点得以展现或组合，以便形成更具选择空间和更加综合性的服务列表。提供这些专业化服务的节点则是小而厚的，它们依靠自己的专业能力或强大的行业资源，生产个体所无法掌握或计算机无法自动完成的服务，或对整个网络的公共服务提供支撑。也就是说，在这个网络中，信息的不对称将被逐步被抹平（局部中心节点的收入即来自抹平工作），知识（专业化服务）成为获取收入的主要途径。而这个网络中的个体节点间的直接连接就是 P2P，只是互联网金融中 P2P 的规模将远远超过当前。大量琐碎的金融事务经由 P2P 连接即可完成，只有少量重要的事务需要连接到局部中心节点，经由局部中心节点的透明信息代理作用，与专业服务节点交互完成。

（三）典型互联网金融平台结构与演化路径

1. 典型互联网金融平台组织结构

平台经济是网络社会中典型的经济生态组织系统。平台生态组织系统存在于彼此关联的多边市场与多向产业链构成的多维交易空间中，受制度环境、市场供求、技术进步、组织管理等驱动因素影响，经由信息流、规则流与利益流等纽带传导，形成平台数据层、规则层及应用层等平台生态系统组织的内核结构，并通过与外部平台进行竞争实现组织演化。目前，互联网金融发展浪潮中涌现出以阿里巴巴、腾讯、银联、人人贷等为代表的一批比较成功的互联网金融企业，均具有典型的平台组织结构特征，具体组织结构如表 7－1 所示。

表 7－1　典型互联网金融平台组织结构分析

结构特征＼典型公司	阿里巴巴	腾讯	银联	人人贷
母平台	网购平台：淘宝、天猫	社交平台：QQ、微信	支付平台：银联卡	网贷平台：P2P 小贷
子平台	支付平台：支付宝。理财平台：余额宝。小贷平台：阿里小贷。社交平台：来往。物流平台：菜鸟网	游戏平台：QQ 游戏。理财平台：微信包。支付平台：财付通。网购平台：腾讯商城	网购平台：银联海购。认证平台：金融认证中心。清算平台：清算中心。信息服务平台：信息服务中心	理财平台：人人理财。社交平台：人人社区
关联市场	网购市场、支付市场、理财市场、社交市场、广告市场、物流市场	网游市场、社交市场、理财市场、网购市场、支付市场、广告市场	支付市场、认证市场、清算市场、信息服务市场	网贷市场、理财市场
关联产业链	网购链、支付链、理财链、物流链	网游链、社交链、支付链、理财链、网购链	支付链、信用认证链、信息服务链	网贷链、理财链

续表

结构特征＼典型公司	阿里巴巴	腾讯	银联	人人贷
平台应用层	围绕网购中介服务拓展而成的融合网贷、支付、理财、物流、社交为一体的综合服务	围绕社交服务拓展而成的融合网游、支付、理财、网购等为一体的综合服务	围绕第三方支付服务拓展而成的融合支付、清算、认证、信息服务为一体的专业服务	围绕网贷中介服务拓展而成的专业化网贷、理财服务
平台规则层	免费入驻、账户管理、安全保障、信用评级、利息分割、商户推广	免费社交、账户管理、利息分割、用户评级、商户推广、安全保障	银行联盟、交换机制、商户不对称收费、风险管理	信用评级、账户管理、中介服务提成、利息分割
平台数据层	功能可拓展的大数据智能分析与挖掘系统	功能可拓展的大数据智能分析与挖掘系统	专业化的支付数据管理、交换与挖掘系统	专业化的网贷数据管理系统
盈利来源	账户管理费、商户推广服务费、沉淀资金利息、网贷和小贷利差、广告收入、理财渠道费	账户管理费、用户升级费、游戏币收入、沉淀资金利差、理财渠道费、广告收入	账户管理费、商户支付提成、银行交换费、信用认证费、商户推广费、网购渠道费	网贷中介费、账户管理费、沉淀资金利差、理财渠道费
发展趋势	以阿里小微金融为核心的全方位网络生活服务商：综合性网络资金与信用集聚流转平台	以腾讯银行为核心的全方位网络生活服务商：综合性网络资金与信用集聚流转平台	以支付为核心的全方位生活金融服务商：综合性网络资金与信用集聚流转平台	以网贷为核心的网上财富中介管理服务商：专业化网络资金与信用集聚流转平台

资料来源：根据各典型互联网金融平台官网资料整理而成。

由表7－1可见，典型互联网金融平台在生态结构上均体现出以下结构特征：

第一，它们本质上均围绕设计和营建可商业化运营的平台交易载体空间体系展开，各企业平台具有较为清晰的应用层、规则层和数据层结构。应用层面向客户提供应用服务，规则层内生于平台并决定平台运营模式，数据层以信息系统和网络手段集成整合相关要素信息形成平台运营与交易的技术基础。

第二，顺应内外部条件变化，围绕多边关联市场和多向关联产业链条进行竞争演化，均形成了结构复杂的母子平台生态系统。

第三，依托数据挖掘与大数据技术等进行客户信息管理与分析，不断丰富平台功能、创新产品服务和优化客户体验，吸附和黏着了规模可观的客户、资金、技术等市场核心资源。

第四，拥有强大的市场信息掌控能力、平台规则设计能力和交易各方利益平衡能力，已经或正在将初始基础平台导向跨行业跨市场的综合性或专业化资金与信用流转平台。

2. 互联网金融平台演化路径

考察典型互联网金融平台发展演化过程可以发现，互联网金融平台是沿着金融网络化和网络金融化两条相向而行的路径演化发展的。

（1）金融网络化路径。金融网络化主要表现为从 20 世纪 90 年代中后期开始，随着互联网的迅速发展与应用的普及，传统金融服务机构在对其管理机制和业务流程进行再造的基础上，纷纷将互联网应用技术嫁接入金融服务业，进而沿关联产业链向其他网络金融服务领域进行跨行业横向衍生或专业化纵向裂变，出现了网络银行、网络证券、网络保险、银行卡支付结算与清算等多种网络金融服务。其中，中国银联是传统银行业开拓互联网金融的先驱，一开始就联盟多家银行将支付环节从银行服务链条中裂变出来，打造了超级第三方银联支付卡平台，进而沿着支付交易链进行上下游平台衍生形成银联信用认证平台和银联海购平台。人人贷从信贷这一传统金融核心业务切入，专注于打造专业化的网络信贷中介平台，随着平台对客户、资金及渠道掌控力的累积，沿信贷产业链又衍生出个人理财和网贷社交子平台，积极向专业化财富中介管理金融服务平台转型。

（2）网络金融化路径。网络金融化即由互联网企业如网购平台、社交平台等纯网络平台开始，随着对客户、资金、技术等核心市场要素掌握规模的扩展，平台沿着网购产业链或社交服务链不断向支付、理财、信贷等金融服务领域进行功能渗透和生态扩展，譬如阿里巴巴、腾讯等。阿里巴巴从打造安全便捷的网络化淘宝电商交易平台开始，进而在客户群扩大和交易支付便捷要求提升的基础上将平台触角延伸到支付环节裂变出支付宝服务，在支付宝服务相对成熟形成了大量客户沉淀资金池时又因势将其触角延伸到理财领域推出阿里小贷和余额宝理财服务子平台，随后又将理财产业链不断向银行业进行平台延伸。由阿里巴巴主导的浙江网商银行筹备申请已于 2014 年 9 月获银监会批准，并于 2015 年 6 月 25 日正式开业。在基础电商平台支撑和支付、理财、小贷等多个关联金融服务子平台铺垫下推出网商银行超级互联网金融平台可谓水到渠成。腾讯则从打造 QQ 网络社交平台入手，在积累了足够的客户规模和关联市场资源后由社交母平台裂变出 QQ 网络游戏平台、腾讯网购商城和财付通台，移动网络技术兴起后又沿社交产业链自然衍生出微信社交平台占领手机终端客户资源，紧接着将微信网购、微信支付、理财通聚合入微信移动社交平台，打造出相较传统网络金融更为强大便捷的移动网络金融平台，同时也在积极准备试水移动网络银行。

综合来看，目前由网络金融化形成的互联网金融平台，由于对网络市场先天

地具有较强的适应能力，其发展速度相对较快，但这条路径须从外部对金融业进行渗透，面临现行金融监管体制下存在的较高的金融业进入壁垒限制，导致沿这条路径演化发展的互联网金融平台在进入存款、信贷及投行等金融核心业务领域前，必须累积足够的市场资源与进行必要的模式创新，才能突破制度性壁垒实现平台生态扩展；由金融网络化形成的互联网金融平台，先天拥有规模可观的客户、资金及渠道等市场核心资源，具有互联网金融发展的后发优势与巨大潜力，但囿于传统线下业务主导型经营模式和管理体制，这类平台在网络金融市场上面临经营理念、运营模式及技术支撑等方面的转型挑战，全面调整运营理念、实施平台化模式创新与技术升级，是这类平台发展的关键。

（四）互联网金融平台发展机制分析

无论互联网金融平台源自何种路径形成，从平台经济学角度看，其生态组织演化发展在内在机制上具有共同性。互联网金融平台一般性生态组织演化发展机制由四力驱动机制、集成创新机制与关联生长机制等共同构成。

1. 四力驱动机制

互联网金融平台组织系统，初始发展的动力来自四个方面：

第一，金融市场化的制度调整。金融市场化制度调整，为互联网与金融业融合发展提供了宽松的创新环境，同时，金融市场化制度调整，也产生了大量有利于正规金融系统的资金供求，为互联网金融的产生和发展提供了必要的市场基础。

第二，网络技术进步。互联网技术的迅速发展与应用的普及，导致整个社会网络化程度迅速提高，为金融交易方式虚拟化提供了必要的网络手段支持和平台运营载体。

第三，市场供求变化。“互联网＋”时代，大量游离于正规金融市场的碎片化小微资金供求通过网络化途径迅速聚集大规模地出现在网络市场，而大数据分析技术，也使隐含在表面相互独立的市场要素间的关联关系得以显化，创造出大量基于网络化的关联性市场需求。

第四，平台组织创新。互联网金融平台组织生态系统是开放系统，外部环境与组织系统间通过网络化信息交换、资金或信用融通、利益让渡等发生复杂的相互作用，激发平台组织各部分不断对外部环境做出反应和调整，体现在商业实践上就是互联网金融模式的不断创新与服务功能的持续丰富。

2. 集成创新机制

互联网金融是典型的平台经济，外部驱动动能与内在组织创新动能依托平台组织架构不断进行聚合累积，并通过平台组织内在的信息流、资金流与利益流传递到平台组织系统内各个要素主体，各要素主体通过平台组织进行关联集聚整合和重新匹配，促使互联网金融平台在应用层、规则层、数据层上做出适应性变革，导致互联网金融平台组织结构不断蜕变创新。平台集成创新的直接结果，是平台金融服务功能、交易规则和技术手段发生由量变到质量的创新过程，量变过程体现为平台内在结构渐进调整；量变累积到一定程度，互联网金融平台开始由初始市场和基础产业向关联市场和关联产业进行同质融合及异质裂变，体现为新的平台模式出现与业态功能形成。

3. 关联生长机制

当创新累积到质变阶段，互联网金融平台在应用层、规则层和数据层均出现面向关联市场和关联产业的模式分化及功能扩展。通过关联产业链某个环节专业化垂直式服务功能分化，形成与母平台相对独立的子平台；或者通过综合性跨行业横向式多功能融合突变，形成新的综合性功能集成平台，平台组织生态系统始终围绕产业或者市场的内在关联性进行拓展。随着驱动→创新→生长→新平台生态结构下的继续驱动→继续创新→继续生长这一过程不断循环、逐次推进，互联网金融平台生态结构越来越复杂、互联网金融平台服务范围覆盖更多关联市场和更多产业，而互联网金融为了有效巩固和拓展其市场及产业疆域，其核心平台将日益向对一切市场和产业有控制力的资金及信用聚集流转平台进行功能聚焦。

（五）互联网金融平台发展对策

从互联网金融平台结构、演化路径及其发展机制分析可见，互联网金融发展是一个在驱动因素作用下，基于平台组织结构、沿着平台演化路径，不断进行集成创新和关联生长的过程。促进互联网金融的健康发展，应从厚植平台发展动力、优化平台组织结构和促进平台有序演化入手。

1. 厚植平台发展动力

互联网金融发展的驱动力量来自四个方面：金融监管制度的调整；网络市场供求关系的变化；信息技术特别是大数据应用水平的提升；平台组织的内在调整与变革。因此，强化互联网金融发展的驱动力，应把握好以下几点：

一是建立包容创新的负面清单监管体系，允许互联网金融平台在负面清单红线之内自由创新，尽量为互联网金融发展创造宽松的制度空间。

二是跟踪掌握网络市场供求关系变化，及时引导互联网金融企业进入关联产业和关联市场，大力鼓励产品与服务创新，形成有效的互联网金融生态增长点孵化机制。

三是依托国家力量，建立全国功能强大的互联网金融公共信用大数据智能管理平台，为互联网金融产品开发、业态扩展、生态创新和风险管理提供基础性的国家基础平台支撑。

四是根据市场需要及时优化平台数据层管理系统，调整平台定价机制、交易

机制、安全保障机制等规则体系，创新平台服务功能组织管理与协调体系，为平台生态系统成长提供强有力的组织架构保障。

2. 优化平台组织结构

互联网金融健康发展的组织基础是平台组织的数据层、规则层和应用层。优化平台组织结构：

一要加强平台数据集成。对网络金融市场各要素相关数据与信息的集成和智能分析能力，是互联网金融平台化集成创新的基石。提升数据集成能力，要求及时追踪和掌握大数据采集、集成、处理、挖掘的最新技术，不断升级数据集成的软硬件设施，特别是要顺应新兴的移动互联网发展趋势及时对平台数据层进行系统优化和功能升级。

二要优化平台规则设计。规则是互联网金融平台商业模式的核心。依据互联网金融平台所处市场结构特征，不断优化价格形成规则、供求交易规则、客户管理规则和安全保障规则，是提升平台核心竞争力，降低风险稳健发展的关键。

三要激发平台应用创新。应用创新是互联网金融平台化集成创新在商业应用上的集中体现。首先要在对市场精准分析基础上大胆进行具有前瞻性的功能设计和产品实验，其次要把握好应用创新与企业自有业务及平台功能间的关联衔接，最终应形成平台应用功能的梯级创新机制和服务产品的交叉互补体系。

3. 促进平台有序演化

网络金融化和金融网络化双源发生相向共进是以平台为核心的互联网金融企业进行平台演化和功能拓展的基本路径。首先，应有序推进基于关联市场的横向拓展。综观当今较为成功的互联网金融企业的业态发展，对关联市场进行外延渗透和分工演进是其较为突出的发展特征。推进互联网金融企业沿关联市场横向拓展，一是确立和巩固企业在初始金融服务市场上的地位，同时对初始市场结构特点、运行规律和竞争态势具有充分认知；二是对与初始市场在结构、功能、地域等方面具有同质性或相似性的关联市场要进行充分的事前研究，并据此制定进入关联市场的科学策略；三是在进入关联市场后，要注意协调好新旧市场服务功能的继承与创新、互补与合作的关系。

其次，应合理推动针对关联产业的纵向整合。沿资金与信用流转链对关联产业进行纵向内涵整合是互联网金融功能集成的重要方式。推动关联产业纵向整合，一是寻找合适的特定产业链环节，在该环节打造出坚实的母体平台，作为纵向产业链整合的基点；二是应根据互联网金融企业所拥有的产业禀赋与市场资源，选择与其母体平台固有功能高度关联的产业环节作为潜在产业链整合目标；三是应对潜在目标环节市场潜力、功能要求和所需技术支持手段进行事前深入研究，并据此制定互联网金融纵向内涵拓展与功能整合的合理策略。此外，在互联网金融母体平台初始结构设计时应为后续纵向整合预留足够的弹性空间。

最后，应着力优化互联网金融业态系统运行机制。维系互联网金融生态系统各部分互动作用正常运转的纽带是流转其间的信息流、资金流与利益流。可通过合理设计交易平台系统架构、优化交易信息处理与反馈机制、加强信息安全管理等手段，提升信息流动机制的运作效率及安全性；通过规范交易程序、标准化交易合约及建立严密的风险准备和担保体系、客户信用评级体系、提升平台运转与管理人员的专业化水平等手段，提升资金流动机制的效率及安全性；通过设计合理的交易规则、制定兼顾各交易主体利益的利率定价和期限匹配机制、施行严格的违约惩罚规则、引入第三方交易监督机制、制定各方利益动态平衡补偿规则等手段，提升利益流动机制运转的可持续性。

三、转移升级产业结构

第三产业发展程度低的阶段，无法通过产业的升级来促进互联网金融的发展，并随着第三产业的发展，会在相当程度内促进互联网金融的发展，但这种促进作用相对于互联网金融对产业结构升级的作用来说是小的；互联网金融发展初期，对产业结构的优化具有负作用，但对产业结构升级具有正向作用。随着互联网的逐渐发展，对产业结构优化及升级都起到积极作用。与此同时，反过来，产业结构优化对互联网金融的促进作用较大；产业结构升级对互联网金融的正向作用较小。互联网金融在促进第三产业发展方面作用明显，而第二产业和第三产业的发展对互联网金融的发展有较大的促进作用。

对互联网金融发展与产业结构转移升级的建议如下：

（一）补足产业结构发展的“短板”

补充产业结构发展在当今互联网发展初期的“短板”，抓好互联网金融发展的黄金时机。产业结构的“短板”就是第三产业发展程度不高。2011 年的第二产业增加值构成比例为 46.2%，大于第三产业的 44.2%，这也能说明在互联网金融发展初期，为何对产业结构促进作用微弱的现象。随着互联网金融的发展，2013 年第二产业增加值占比为 43.7%，低于第三产业增加值比例 46.9%，表明互联网金融对产业结构升级起到了作用。

（二）促进与互联网金融相关的新兴信息服务业发展

与互联网金融相关的新兴信息服务业发展是快速的。随着城乡居民生活质量的改善与提升，人口城镇化的加快推进、工业的转型升级，都高度依赖于生产性服务业和生活性服务业的发展。这种需求会催生出各种新产品、新行业、新产业、新业态、新模式。例如，伴随着网上购物的快速发展，微商等多种新型经营模式迅速出现，这种经营模式能降低经营成本、房屋租赁方便、审核条件宽松、

审核速度快等，给相当一部分人提供获取利润的方式，给人民生活带来极大的便利，发展前景是巨大的。

（三）规范互联网金融发展

互联网金融为产业结构升级提供了资金支持。互联网金融最先以“余额宝”先导揭开了资金需求的热度。通过资金聚集和信用扩张的方式提供资金支持，其资金聚集作用是十分明显的。以网贷行业为例，2013 年 P2P 行业成交额为 1058 亿元，2014 年突破 2500 亿元，2015 年 1 月和 2 月共成交 693 亿元，对比上年同期的 223 亿元，增幅约为 311%。例如，作为众筹一个新起平台同城，第一个项目是唱吧麦颂 KTV 下线实体店的股权众筹，该项目在 24 小时内突破 540 万元。聚集的资金在各产业之间分配，向高效益、高成长、高技术转移升级的产业会需求更多的资金，同时，低效益的传统产业在得不到资金支持时会自动衰退，促进产业结构转移升级。但互联网金融发展面临着信用风险、信息安全风险、资金转存风险，所以必须建立风险预警机制。例如，可建立相应的保险对应机制，成立专门针对互联网金融的风投公司，为产业结构调整中的微观主体提供资金规划服务等，出台互联网金融规范措施，为产业结构转移升级提供更好的动力。

四、河北发展互联网金融产业的结构安排

互联网金融产业内部有着不同的行业，提供第三方支付、网络借贷、股权众筹、互联网基金销售、互联网信托、互联网消费金融等不同的互联网金融服务。提供不同服务的互联网金融企业，客观上要保持一个合理的搭配结构，使各种金融功能互补互动，有利于发挥互联网金融产业的整体功能和效率最大化。

目前，河北互联网金融的主要形式有第三方支付、网络借贷、股权众筹，其中，拥有《支付业务许可证》的非银行支付机构 3 家，分别是河北一卡通电子支付服务有限公司、御嘉支付有限公司和河北北人冀通支付服务有限公司，这 3 家机构均在省会石家庄。正常运营的 P2P 网络借贷平台河北有 28 家，其中石家庄 24 家、保定 2 家、廊坊 1 家、秦皇岛 1 家；众筹平台河北省共有 16 家，其中石家庄 7 家、保定 4 家、廊坊 2 家、衡水 1 家、邯郸 1 家、张家口 1 家。可以看出，河北互联网金融的形式不仅单一，仅有第三方支付、网络借贷、股权众筹三种形式，而且地区分布不均，主要集中在省会石家庄和环京津的保定、廊坊地区。在规划河北互联网金融产业发展时，一要注意互联网金融在省内各地区的适度均衡发展，二要鼓励发展其他形式的互联网金融。不同服务的互联网金融企业保持合理的搭配结构共同发展，才能使各种金融功能互补互动，才能发挥互联网金融产业的整体功能和效率最大化。

第三节 优化互联网金融生态

实现互联网金融的快速发展的重要因素还包括优化互联网金融生态，实现互联网金融可持续发展。营造良好金融生态，能够促进金融与地区优势产业的协调发展。各级政府应该培育良好的互联网金融生态环境，发挥各级政府主导作用，加强行政体制、法律制度、社会信用制度和互联网金融基础设施等方面的环境建设，努力为互联网金融机构的发展营造一个良好的生态环境。

一、互联网金融生态环境

（一）法制环境

目前，我国尚无关于互联网金融的专门法律法规，尽管中国人民银行等十部门在 2015 年 7 月联合发布了《关于促进互联网金融健康发展的指导意见》，银监会、工业和信息化部、公安部、国家互联网信息办公室在 2016 年 8 月联合发布《网络借贷信息中介机构业务活动管理暂行办法》，但这些都不属于监管的法律法规。我国存在着互联网金融立法滞后、法律法规不明确的问题。比如，股权众筹在我国目前尚未获得法律认可，游走在罪与非罪的边缘。虽然 2014 年 12 月中国证券协会公布了《私募股权众筹融资管理办法（试行）（征求意见稿）》，但该《办法》仅是行业自律规范文件并不是法律法规，而且与《证券法》《公司法》的相关规定存在着冲突，股权众筹面临“非法集资”和“非法公开发行股份”等风险。互联网金融作为信息技术支撑下的金融新业态，需要国家层面出台专门的法律法规，以使各地互联网金融的发展有法律法规可循。

（二）信用环境

信用环境是一个综合性的概念，包括社会的信用状况、信用文化和征信系统等。互联网金融的信用环境取决于大的社会信用环境。我国的整体社会信用状况并不乐观。当然，社会信用状况与信用文化密切相关，注重诚信、自觉守法的信用文化会大大降低道德风险。互联网金融是平民化普惠金融，信用文化对其影响尤其巨大。目前，我国的征信系统主要有央行征信系统。此外，互联网企业和第三方征信机构手握海量的交易数据、小额贷款记录、P2P 信用记录，这些则构成了另外一套征信系统，仅服务于个人或互联网企业。但在目前，我国的这两套征信系统并未对接。

（三）监管环境

随着互联网融资的发展，金融监管也必须要跟上。目前，我国互联网金融的

监管机构主要有中国人民银行、银监会、证监会、保监会、工业和信息化部和国家互联网信息办公室等。中国人民银行等十部门在2015年7月联合发布的《关于促进互联网金融健康发展的指导意见》明确了互联网支付业务由人民银行负责监管，网络借贷业务由银监会负责监管，股权众筹融资业务由证监会负责监管，互联网基金销售业务由证监会负责监管，互联网保险业务由保监会负责监管，互联网信托业务、互联网消费金融业务由银监会负责监管，工业和信息化部负责对互联网金融业务涉及的电信业务进行监管，国家互联网信息办公室负责对金融信息服务、互联网信息内容等业务进行监管等。虽然各种形式的互联网金融的监管主体已经明确，但在具体监管中，需要各监管部门相互协作、形成合力，才能保证互联网金融健康、稳健地发展。监管机构在制定规则时，既要加强监管促进互联网金融的健康发展，也要鼓励创新，给互联网金融的持续发展留出足够的空间。

二、优化互联网金融生态环境的必要性

互联网金融得益于货币市场的发展，货币经济是互联网金融的主要推动力量，在提高金融市场效率的同时，互联网金融大大拓展了货币的职能。同时，在互联网背景下，构成金融生态系统的金融生态物种、金融生态环境和金融生态规则三个核心要素正在发生明显变化，原有的金融生态系统正面临着从量变向质变转化的过程，在此过程中形成的风险主要涉及操作风险、制度风险、机构风险、市场风险和信息风险。因此，互联网金融生态系统亟须建立完善的事前风险防范体系、及时的事中风险控制体系和规范的事后风险纠错体系。随着物联网、大数据、移动互联网等信息技术的创新发展，互联网正在改变着传统金融存贷、支付等核心业务，开创了互联网与金融融合发展的新格局。然而，互联网金融的诞生和发展，一方面降低了金融资源配置的成本，提高了金融资源配置效率；另一方面也集聚了一系列的技术安全风险，对社会信用体系建设提出了更高的要求，形成了金融监管和风险管理的“真空”。因此，在互联网金融的冲击下，传统金融生态环境迫切需要重建。

当前，互联网金融在迅猛发展的同时，也呈现出“野蛮生长”的部分乱象。互联网金融兼具“互联网”和“金融”的双重基因，决定了其风险远比互联网和传统金融本身的风险更为复杂。互联网金融虽然没有改变其金融的本质属性，但其理论基础体现出了与传统金融模式不尽一致的地方，部分业务模式甚至出现了监管“真空”。特别是，互联网金融生态涉及了信息科技行业、金融行业及两大行业的相关子行业，体现出较强的跨界、融合与创新特征，在经济社会发展中具有一定的系统性影响。因此，单纯从金融监管角度出发来对互联网金融生态进

行规制是不全面的，也难以真正促进互联网金融生态的健康和可持续发展。同时，为支持互联网金融生态实现一个良好的自我演化和发展，充分发挥其服务实体经济、促进经济增长的积极作用，为互联网金融生态确立一个科学有效的规制框架就显得非常重要。河北应从顶层设计的战略高度出发，构建一个针对互联网金融生态的规制框架，对于促进互联网金融生态的健康和可持续发展具有重要意义。

三、优化河北省互联网金融生态系统的对策

（一）加强各级政府对互联网金融的引导、管理和监督，营造良好的法治环境

各级政府应加强对互联网金融的引导、管理和监督，未来应防止互联网行业集聚和垄断的出现，对互联网企业从事金融应有更多的准入限制，加强外部监管体系建设，加快数据安全与网络欺诈方面的立法进程，为互联网金融构建良好的社会环境。一方面，要通过对互联网平台的强制分工，建立起互联网平台的不同功能，分别由没有关联关系的不同机构负责，构建起分工合作、相互牵制的工作机制，既可防范欺诈风险，又可通过分散分布提高数据安全；另一方面，要加强外部监管体系建设。鉴于金融行业的敏感性，政府既要以包容和鼓励的态度热情支持互联网与金融的快速融合过程中出现的大量新生事物，又要未雨绸缪，适应新情况，创新监管手段，加强对欺诈风险、数据安全、经营能力等方面监测和分析，保证互联网金融平稳、健康发展。

针对国家金融监管机构出台的互联网金融监管法规，积极配合制定河北的实施细则，探索开展互联网金融相关领域地方立法研究，加大对互联网金融企业专利、软件、品牌等知识产权的保护力度，为互联网金融企业的创新提供坚实的法律保障机制，着力营造良好的法治环境。

（二）打造良好的互联网金融企业生态系统

互联网金融企业要获得持续健康的发展，关键在于打造良好的互联网金融企业生态系统。在政府的鼓励和引导下，互联网金融的产业链各方携起手来，不断创新商业模式，共同为互联网金融产业的健康发展而不懈努力。

互联网金融是一个开放的经济环境，任何一个企业都不可能拥有服务整合产业的所有资源。合作是打造产业生态系统的根本，因此，在构建互联网金融产业生态系统过程中，政府要积极鼓励和引导互联网金融企业探索多元化的合作模式。

（1）建立协会等企业联盟，联合产业链上下游企业，促进互联网金融健康发展。例如，成立互联网金融协会，协会成员单位涵盖银行、证券、保险、互联网、支付、P2P、众筹等多个领域。成立互联网金融行业协会旨在对互联网金融

行业进行自律管理，实现合作共赢，健康发展。互联网金融行业组织在投融资项目对接、创业辅导、管理咨询、技术创新、对外合作等方面可为互联网金融企业提供优质服务。

（2）通过战略联盟合作，提高平台竞争力。战略联盟是目前企业合作普遍采用的形式之一，也是企业重要经营发展的战略之一。战略联盟不同于并购，它是将具有互补优势的企业结合在一起，互相贡献各自的优势资源，并没有发生资产所有权的转移，战略联盟成功的比例较高，这是由战略联盟本身特点所决定的。如今，战略联盟在互联网金融发展过程中得到广泛应用，在推进互联网金融平台建设、加快互联网金融发展中发挥了重要作用。

对于互联网金融企业，尤其要加强与传统金融机构的战略合作。无论是第三方支付、P2P 网络借贷，还是股权众筹公司以及互联网理财产品，都离不开与传统金融机构的合作，即使互联网金融与传统金融机构有竞争关系，但从发展看，两者是共生共荣的，互联网金融发展更需要互联网金融企业与传统金融机构加强合作，互惠互利，实现共同发展。当前在互联网金融领域，战略联盟合作十分活跃，其已成为众多互联网金融企业一项重要的战略选择，这也是这些互联网金融企业进一步拓展市场、打造良好产业生态系统的重要举措，是打造互联网金融开放平台的必然选择。

（3）通过收购、控股、参股、成立合资公司等资本经营方式，积极打造互联网金融产业生态系统。近年来，互联网和移动互联网行业资本经营活动十分活跃，其重要目的是快速进入新兴领域，获得核心技术、资源和业务模式，打造产业生态系统，以提高互联网金融企业的市场竞争力。

互联网金融行业并购、投资入股等资本经营顺应互联网和移动互联网大兴并购的热潮，并购是进入新的市场、迅速弥补企业“短板”、完善生态系统、增强企业竞争力的重要手段，越来越得到互联网金融企业的重视。可以预见，随着移动互联网金融的大发展，未来互联网金融并购将更为盛行。对于进入互联网金融的企业来说，要善于运用战略投资、并购等资本经营手段，这是互联网金融企业适应市场环境变化、加快企业发展、进一步拓展市场、提高企业产品竞争力的必然要求。

（三）加强互联网金融人才的培养和引进

任何一类产业的发展，都离不开充足的人才，河北的互联网金融产业也是如此。由于互联网金融行业尚属于新兴行业，因此每家互联网金融企业都面临人才短缺的问题。目前，河北能服务于互联网金融产业的复合型人才，相对比较匮乏。这一方面是因为互联网金融产业对从业人员的要求比较高，另一方面是因为互联网金融作为新兴产业，针对性人才的培养计划也是刚刚起步，无论是社会还是校园，还没有真正重视对互联网金融专业人才的培养。解决人才短缺的问题，可以从三个方面进行。

第一，在河北本土悉心培养专业性人才。依托河北高等教育资源，制定互联网金融专业人才培养规划，定向培养互联网金融专业人才。鼓励相关院校增设互联网金融专业，培养风险控制、运营等互联网金融专业人才。这需要河北各大高校尤其是河北的金融财经类金融类院校相配合，要把握好互联网金融产业发展的趋势，努力培养复合型的互联网金融领域的人才，为河北的互联网金融产业储备力量。

第二，大力引入人才精英。河北的互联网金融产业的发展程度在我国位于中等水准，同样，业内人才的质量和数量都与发达地区有一定的差距，因此河北各地政府可以通过推行优惠政策，吸引其他省市甚至国际上的互联网金融人才来河北落户，一方面可以改变河北现在人才短缺的现状，在一定程度上优化河北的人才结构；另一方面可以学习先进地区的经验与技术成果，有利于推动河北互联网金融产业的发展。

第三，对现有的从业人员进行培训与提高。鼓励互联网金融企业及社会团体建立产学研联合培养机制，开展形式多样的互联网金融培训，不断提高互联网金融业从业人员的业务能力和水平。这需要互联网金融协会和互联网金融企业自身来进行，通过定期举行培训班、到先进省市考察学习，多进行交流访问等多种方式，以提高现有从业人员的专业能力，努力打造出一支既了解现代化的网络信息技术，同时又对互联网金融运作机制和风险防控较为了解的，高素质复合型人才队伍。

（四）建立健全互联网金融风险防控和安全保障机制

第一，引导互联网金融企业合规经营。引导互联网金融企业明确中介定位，坚守经营“底线”和政策“红线”，健全风险管理、信息披露、纠纷处理等方面的内控机制。推动互联网金融企业提升信息技术水平和信息安全防护能力，强化对企业金融数据和客户信息的安全保护。

第二，提高互联网金融风险防控能力。各级政府要配合金融监管部门做好互联网金融监管工作。探索建立互联网金融企业信用、风险评价指标体系，建立多方参与的互联网金融市场风险防控和安全保障机制，引进第三方评估机构，对本地互联网金融活动开展风险排查、监测评估和预警。依法严厉打击利用互联网金融平台进行的非法集资活动，守住不发生区域性、系统性金融风险的底线，坚决维护良好的地方金融秩序。

总之，互联网金融企业要能获得持续健康的发展，关键在于政府要为互联网金融企业打造良好的产业生态环境。只有各级政府共同努力，才能够最快最好地解决河北互联网金融产业的生态环境问题，建立河北互联网金融的良性生态系统，促进河北互联网金融产业的蓬勃发展。

参考文献

［1］尹龙．网络金融理论初论［M］．成都：西南财经大学出版社，2003.

［2］杨青．电子金融学［M］．上海：复旦大学出版社，2004.

［3］张成虎．网络金融［M］．北京：科学出版社，2005.

［4］王维安，俞洁芳，严谷军．网络金融学［M］．杭州：浙江大学出版社，2002.

［5］崔晓峰，王颖捷．网络金融［M］．北京：中国审计出版社，2001.

［6］吴以雯．网络金融［M］．北京：电子工业出版社，2003.

［7］丁艺．金融集聚与区域经济增长［M］．北京：国家行政学院出版社，2013.

［8］孙宝文，欧阳日辉，王天梅．互联网金融元年：跨界、变革与融合［M］．北京：经济科学出版社，2014.

［9］于丰慧．互联网金融革命：中国金融的颠覆与重建［M］．北京：中华工商联合出版社，2014.

［10］吴晓求．互联网金融——逻辑与结构［M］．北京：中国人民大学出版社，2015.

［11］余来文，温著彬，边俊杰，石磊．互联网金融［M］．北京：经济管理出版社，2015.

［12］杨涛．互联网金融理论与实践［M］．北京：经济管理出版社，2015.

［13］吴卫明．互联网金融知识读本［M］．北京：中国人民大学出版社，2015.

［14］郭福春，陶再平．互联网金融概论［M］．北京：中国金融出版社，2015.

［15］乔海曙．互联网＋金融［M］．北京：经济管理出版社，2015.

［16］杨中民．P2P 借贷行业调研报告［D］．西南财经大学硕士学位论文，2013.

［17］张快尚．天津滨海新区金融产业集群发展研究［D］．哈尔滨商业大学硕士学位论文，2013.

［18］高朋．金融集聚影响因素研究［D］．西南财经大学博士学位论文，2013.

［19］阳旸．基于交易成本理论的互联网金融发展研究［D］．湖南大学博士学位论文，2014.

［20］牛薇薇．河北省县域产业集聚可持续发展与区域经济增长［J］．时代金融，2013（5）．

［21］汤皋．规范互联网金融发展与监管的思考［J］．金融会计，2013（12）．

［22］马其林．河北省互联网金融发展现状分析与建议［J］．河北金融，2017（2）．

［23］关春燕．基于金融集聚视角的金融产业发展研究［J］．运城学院学报，2013（2）．

［24］徐丽梅．上海互联网金融发展存在的问题及对策［J］．上海经济，2017（2）．

［25］张婷．金融产业集聚研究综述［J］．金融发展研究，2011（6）．

［26］陈宇婧．浅析金融集聚特点及其对区域经济增长的影响［J］．财政金融，2013（6）．

［27］陆军，徐杰．金融集聚与区域经济增长的实证分析：以京津冀地区为例［J］．学术交流，2014（2）．

［28］曾献东，谢科进．金融集聚对区域经济的带动效应分析［J］．金融观察，2011（7）．

［29］丁艺，李林，李斌．金融集聚与区域经济增长关系研究［J］．财经论坛，2009（6）．

［30］潘辉，冉光和，张冰，李军．金融集聚与实体经济增长关系的区域差异研究［J］．经济问题探索，2013（5）．

［31］黄震，杨益．发展互联网金融集聚区的五个维度［J］．经济视点，2015（5）．

［32］郑乙歌，郑九歌．金融产业集群发展研究：以河北省为例［J］．河北经贸大学学报，2011（3）．

［33］张成虎，胡啸兵．互联网金融平台组织结构、演化路径与发展机制探析［J］．中共贵州省委党校学报，2015（5）．

［34］刘岳莎，魏红洋．互联网金融与产业结构转移升级的关系研究［J］．

沿海企业与科技，2015（2）.

［35］邱兆祥，刘正. 互联网金融推动我国传统银行业深化改革［J］. 西部金融，2014（9）.

［36］丁艺，李林，李斌. 金融集聚与区域经济增长关系研究［J］. 财经论坛，2009（6）.

［37］王达. 美国互联网金融与传统金融的融合［J］. 学术交流，2015（6）.

［38］董雪杰. 互联网金融与传统银行业之间的互补性分析［J］. 时代金融，2014（6）.

后　记

近年来，互联网金融的发展如火如荼。互联网金融指互联网企业等传统的非金融机构借助互联网向支付结算、信用中介等传统金融服务领域的延伸，通过互联网技术和平台为客户提供金融交易或服务。互联网金融以第三方支付、网络借贷、众筹融资、互联网基金销售、网络信息收集和处理等的出现为标志。互联网金融能够全方位地为社会所有阶层和群体提供金融服务，让金融服务惠及社会大众。由于互联网金融融资门槛低，所以它拓宽了中小企业融资的渠道，一定程度上解决了中小企业融资难的问题；对于广大个人客户来说，互联网金融能够为客户提供便利、快捷、低价的“自金融”服务，有利于扩大内需。互联网金融的兴起带动了整个社会金融服务水平的提升，提高了金融普惠性和资源配置效率。

面对互联网金融的蓬勃发展，北京市、上海市、广东省、浙江省、江苏省等地已经开始着手互联网金融产业的发展，进行本地互联网金融产业布局。河北省也应该及早谋划，科学规划全省互联网金融产业的发展，加快互联网金融产业布局。布局互联网金融产业，其中最重要的是打造互联网金融集聚区，引导和支持互联网金融企业落户金融集聚区。

互联网金融企业集聚，不仅可以形成互联网金融企业之间的业务合作、信息共享，促进互联网金融行业向前发展；而且潜在的竞争压力会使各互联网金融企业增强创新能力、提高互联网金融服务的专业化程度。

由于互联网金融刚刚兴起，生长无序，因此互联网金融企业集群的发展主要靠政府推动，由政府明确各区域或地区互联网金融企业集群的发展方向和目标。待发展成熟后，再由市场主导。

本书从金融集聚的视角，阐述了金融集聚与互联网金融产业发展之间的关系，借鉴北京市、上海市、广东省、浙江省、江苏省等地发展互联网金融产业的经验，结合制约河北省互联网金融产业发展的不利条件以及做大做强河北省互联网金融产业的有利条件，在此基础上提出科学布局发展河北省互联网金融产业的合理建议，以促进河北省互联网金融产业的发展，为河北省经济发展提供新的增长源泉。

全书共分为七章。

第一章　互联网金融的产生和发展。本章首先解释互联网金融的含义以及互联网金融与网络金融的区别，总结金融业发展的四个阶段；其次在介绍国内外互联网金融兴起的基础上，描述互联网金融的主要形式，并进一步分析互联网金融产生的影响。本章旨在使读者能对互联网金融有整体的了解。

第二章　金融集聚对区域经济、互联网金融产业发展的机理影响。本章阐述了金融集聚的内涵与特征，分析了金融集聚的动因、条件，论述了金融集聚对区域经济以及互联网金融产业发展的机理影响。金融集聚有利于促进互联网金融发展，为经济发展提供新的增长源泉。

第三章　河北互联网金融产业发展现状。本章介绍了河北各地互联网金融发展的现状，目前河北互联网金融的形式有 P2P 网络借贷、众筹和第三方支付等，其中以 P2P 网络借贷为主。

第四章　做大做强河北互联网金融产业的有利条件。本章分析了河北省互联网金融发展的有利条件。经济的快速发展为河北省做大做强互联网金融产业奠定了基础；众多特色鲜明的县域产业集群为河北省互联网金融的发展提供了发展空间；互联网企业和银行、证券、保险等传统金融机构的融合与嫁接不断涌现，政府出台了一系列支持与鼓励互联网金融发展的措施。

第五章　制约河北互联网金融产业发展的不利条件。本章分析了制约河北省互联网金融产业发展的不利条件。河北省互联网金融机构数量仍还较少，而且形式单一，大多为 P2P 网贷平台。第三方支付严重滞后、农村信用体系空白、互联网金融人才的匮乏也制约了河北省互联网金融的发展。

第六章　先进省份发展互联网金融产业的经验。本章介绍了北京市、上海市、广东省、浙江省、江苏省等地发展互联网金融产业的先进经验，以供河北省发展互联网金融借鉴。

第七章　发展河北互联网金融产业的战略措施。河北省要高度重视互联网金融产业发展问题，统筹规划、全面安排。布局互联网金融产业，其中最重要的是打造互联网金融集聚区，引导和支持互联网金融企业落户金融集聚区。互联网金融产业的区域分布需要政府有关部门确定长期的、合理的发展目标，互联网金融产业的结构要保持合理的搭配使各种金融功能互补互动，要优化互联网金融生态为互联网金融的发展营造一个良好的生态环境。

本书为作者 2014 年承担的河北省社会科学基金项目，项目编号：HB14YJ060。各章撰写分工如下：第一章，卢玉志；第二章，毕会娟、卢玉志；第三章，卢玉志；第四章，卢玉志；第五章，贾路琦、卢玉志；第六章，赵冬晖；第七章，卢玉志、赵冬晖。本书的出版受到了河北省社会科学基金项目、河北省软科学研究计划项目、河北经贸大学学术著作出版基金、河北经贸大学金融学院学术著作出版基金的资助。

特别需要说明的是，由于互联网金融还是新兴事物，在本书的写作过程中，我们学习、吸收、参考和借鉴了众多专家学者的研究成果以及大量相关文献，并引用了一些报纸、网站的数据和资料。虽然我们尽可能地在参考文献中列出，但肯定会有疏漏，在此，对这些作者深表谢意和歉意。

限于笔者的学识水平，再加上时间仓促，书中错漏之处在所难免，恳请各位读者批评指正。如您希望与笔者进行沟通、交流，提出您的意见或建议，请与笔者联系。联系方式：sjz_ lyz@ 163. com。

卢玉志
2017 年 8 月